• 과학 교과서 관련 •

3학년 1학기
3. 동물의 한살이

3학년 2학기
2. 동물의 생활

4학년 2학기
1. 식물의 생활

와이즈만 과학동화
빨간 내복의 초능력자 시즌2
❹ 유진 공학의 신세계가 열리다

1판 1쇄 발행 2020년 12월 20일
1판 6쇄 발행 2025년 3월 15일

서지원 글 | 이진아 그림 | 와이즈만 영재교육연구소 감수

발행처 와이즈만 BOOKs **발행인** 염만숙
출판사업본부장 김현정 **편집** 김예지 양다운 이지웅
디자인 윤현이 **마케팅** 강윤현 백미영 장하라

출판등록 1998년 7월 23일 제 1998-000170 **제조국** 대한민국 **사용 연령** 8세 이상
주소 서울특별시 서초구 남부순환로 2219 나노빌딩 5층
전화 마케팅 02-2033-8987 **편집** 02-2033-8983 **팩스** 02-3474-1411
전자우편 books@askwhy.co.kr **홈페이지** mindalive.co.kr

저작권자 ⓒ 2020 서지원
이 책의 저작권은 서지원에게 있습니다.
저자와 출판사의 허락 없이 내용의 일부를 인용하거나 발췌하는 것을 금합니다.
잘못된 책은 구입처에서 바꿔드립니다.

• 와이즈만 BOOKs는 (주)창의와탐구의 출판 브랜드입니다.

빨간 내복의 초능력자 시즌2

4. 유전 공학의 신세계가 열리다

서지원 글 | 이진아 그림
와이즈만 영재교육연구소 감수

와이즈만 BOOKs

차 례

작가의 말 _4
등장인물 _6

첫 번째 사건

죽은 동물이 살아 돌아오다 _9

초능력자의 과학일기 　왜 세상 사람들은 모두 얼굴이 다를까? _34
초능력자의 과학일기 　어떻게 아무것도 없던 지구에서 생명체가 생겨났을까? _39

두 번째 사건

고양이 무덤에 가다 _37

초능력자의 과학일기 　멘델은 어떻게 유전을 알아냈을까? _66
초능력자의 과학일기 　멘델은 왜 완두콩을 이용해 실험했을까? _67

세 번째 사건
X-인류와 겉는 식물이 등장하다 _69

초능력자의 과학일기 유전자 가위 기술이 뭘까? _96
초능력자의 과학일기 남성과 여성의 염색체는 어떻게 다를까? _97

네 번째 사건
유전자 조작 생물원에 가다 _99

초능력자의 과학일기
유전자 가위로 어떻게 유전병을 없애는 걸까? _128

다섯 번째 사건
돌연변이가 도시를 공격하다 _131

초능력자의 과학일기
유전자 조작 식품을 먹으면 위험할까? _160

작가의 말

관찰하고 탐구하고 질문하고, 외쳐요, 세렌디피티!

좀 모자라고 장난이 지나친 동네 아이 같지만, 사실 나유식은 아주 특별한 비밀을 갖고 있어요.

나유식은 천재 물리학자인 알버트 아인슈타인의 어린 시절을 닮았어요. 아인슈타인은 어릴 때부터 다른 사람들보다 더 오래 생각했어요. 궁금한 게 있으면 그냥 넘어가지 않는 것, 인내심을 갖고 끝까지 물고 늘어지는 것, 이 점이 나유식과 비슷하지요. 호기심이 많은 아이들은 많지만, 그 호기심을 자신의 힘으로 끝까지 풀어내는 아이들은 많지 않아요. 이것이 나유식이 초능력자가 될 수밖에 없는 첫 번째 비밀이에요.

나유식은 뭔가를 이해하는 속도는 느리지만 특별합니다. 왜냐하면 '속도'가 아니라 '방향'을 잘 잡기 때문이에요. 바다 한가운데에 뗏목을 타고 떠 있다고 했을 때 속도보다는 방향이 중요한 것처럼, 나유식은 비록 빠르지는 않아도 고민을 많이 하고, 뭔가를 뛰어넘어서 생각할 줄 알아요. 이것이 나유식이 초능력자가 될 수밖에 없는 두 번째 비밀이에요.

또한 유식이는 질문을 많이 해요. 먼저 관찰을 하고, 그다음엔 발견, 마지막으로 질문을 하지요. 그러다가 번뜩 뭔가 떠오르는 순간, 초능력이 빠지직 생겨나지요. 뭔가 번뜩 떠오르는 걸 '세렌디피티'

(Serendipity)라고 해요. '관찰'과 '탐구'를 통해서 '창의'가 꽃을 피우는 순간이지요. 이것이 나유식이 초능력자가 되는 세 번째 비밀입니다.

미래에는 '문제를 해결하는 능력'을 갖춘 사람이 가장 뛰어난 인재가 된다고 해요. 그런 능력을 가지려면, 처음 부딪치는 낯선 문제라도 잘 파악하고, 해결의 실마리를 찾고, 다른 사람들과 의사소통을 잘해야 해요.

나유식에게 만약 이 얘기를 들려준다면, "창의적 상상력? 논리적 사고력? 뭔 말인지 1도 모르겠어요."라고 할 거예요. 하지만 나유식은 자신도 모르게 문제 해결 능력을 키우고 있지요. 호기심을 자신의 힘으로 끝까지 풀어내려는 마음, 보통 사람들과는 다르게 생각할 줄 아는 마음, 그리고 관찰하고 발견하고 질문하고, "세렌디피티!"를 외칠 수 있는 마음을 갖고 있기 때문입니다.

유식이의 초능력의 마지막 비밀은 '실수'예요. 유식이는 실수를 두려워하지 않아요. 뭔가를 배울 때 가장 먼저 하는 게 실수예요. 하나를 배우면 또 다른 실수를 하고, 또 하나를 배우면 또 다른 실수를 해요. 이걸 반복하면서 우리는 성장합니다. 오늘보다 더 나은 내일을 위해 나아가려면 실수를 거듭해야 하는 것입니다. 실수해도 괜찮아요! 유식이처럼 도전해 보세요! 여러분이 초능력자 나유식입니다. 창의성을 폭발시키는 그 순간, 초능력이 뿜어져 나올 수 있도록 외쳐요, 세렌디피티!

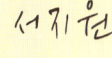

등장인물

나유식

내 이름은 나유식, 별명은 너무식. 1학년 때부터 칭찬이라곤 받아 보지 못한 말썽쟁이야. 내가 피운 말썽은 호기심 때문이야. 난 호기심이 지독하게 많거든. 그래서 과학을 가장 좋아해.

빨간 내복의 초능력자

어느 날 우주에서 떨어진 코딱지만 한 별똥별을 콧구멍 속에 넣은 후부터 초능력자가 되었어. 동네를 지키는 히어로야! 사람들은 내 정체를 궁금해하지. 누구냐고? 우헤헤에헹, 사실은 나야, 나유식. 그런데 요즘은 초능력이 좀처럼 안 돼서 걱정이야.

사이언스 패밀리

과학으로 똘똘 뭉쳐 있는 과학 가족이라고 할까? 아빠는 발명가의 꿈을 잃지 않은 가전제품 회사의 연구원이고, 엄마는 고등학교 과학 선생님이야. 누나는 나와 다르게 전교 1등을 다투는 과학 영재야. 아참, 누나는 눈썹이 별로 없어. 내가 초능력을 잘못 발휘해 누나의 눈썹을 태웠거든.

아인슈타인

아이큐 180. 20세기 최고의 천재 과학자 알버트 아인슈타인이야. 1955년에 세상을 떠났지. 뇌가 240개 조각으로 잘린 채 말이야. 그런 아인슈타인이 다시 살아났어. 어디에 있냐고? 바로 나의 뇌 속에!

공자, 희주, 루나

나와 가장 끈끈한 우정의 우리반 친구들. 나만큼 공부를 못하는 공자와 내가 빨간 내복의 초능력자라는 걸 아는 유일한 친구 희주, 그리고 나와 어울릴 것 같지 않은 아역 스타 루나야.

하마리

노벨 과학상 후보에 오를 정도로 명망 있는 유전 공학 과학자. 명석한 두뇌와 특출난 외모로 사람들의 선망의 대상이 되고 있는데, 왠지 모를 수상한 기운이 풍겨.

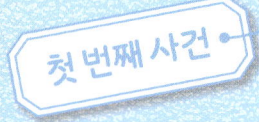
첫 번째 사건

죽은 동물이 살아 돌아오다

"**샤샤가** 살아 돌아왔다고?"

나도 모르게 목소리가 커졌다. 쉿, 하고 희주는 주변 눈치를 살폈다.

"샤샤는 두 달 전에 죽었잖아. 그런데 어떻게 살아 돌아와?"

처음에는 희주가 장난을 치는 줄 알았다. 그런데 희주가 스마트폰을 꺼내 어제 찍은 사진이라며 보여 줬다. 희주에게 안긴 샤샤의 모습이 찍혀 있었다.

헥! 나는 눈에 힘이 빡 들어갔다.

"에, 조용! 조용히 해라. 나유식! 첫날부터 떠들기 시작이냐?"

에 선생님이 책상을 두드리며 주의를 줬다.

"너무식은 너무 무식해. 무식의 극치야."

떠드는 거랑 무식한 거랑 무슨 상관인지 모르겠지만, 아이들이 단체로 놀려 댔다.

내 이름은 나유식, 그래, 별명은 너희 말대로 너무식 맞다.

오늘은 여름 방학이 끝나고 개학을 한 첫날이다.

교문을 새로 칠한 것만 빼면, 학교는 변함이 없었다. 책상 위에 뽀얀 먼지가 살살 날아다녔다. 공자는 책상 밑에 붙여 놓은 풍선껌이 제자리 그대로 붙어 있다면서 다시 떼서 몰래 씹었다. 한 달 된 풍선껌이었는데!

개학했어도 달라지지 않은 것이 또 있었다. 에 선생님이 여전히 에로 시작한다는 것.

에 선생님의 입에서 처음 나온 얘기는,

"에, 여름 방학 숙제는 다들 했겠지? 체험 학습 보고서와 일기를 내도록 해라."

헥! 나는 또 눈에 힘이 빡 들어갔다.

아이들이 가방에서 숙제를 꺼내는 모습을 보며 나는 등줄기로 식은땀이 주르륵 흘러내리는 걸 느꼈다.

"선생님, 나유식은 숙제를 안 냈어요."

공책을 걷던 반장 김치곤이 나를 째려보는 동시에 재빨리 고자질했다.

"그게…… 저…… 화산이 폭발하고 고대 인류에게 쫓겨서 그만…….”

앗! 내가 뭔 얘기를 한 거지? 다행히 아이들이 시끄럽게 떠드는 통에 선생님이 내 말을 못 들었다.

"오늘 방학 숙제를 내지 못한 학생은 내일 꼭 가져오도록 해라. 숙제를 안 한 학생은 한 달 동안 청소 담당이야.”

에 선생님의 목소리가 무서웠다.

개학 첫날이라 수업이 빨리 끝났다. 에 선생님이 나가자마자 아이들은 폭풍 같은 수다를 쏟아 놓기 시작했다. 다들 방학 때 보낸 일을 얘기하느라 시끌벅적했다.

"유식아, 넌 어디를 다녀왔니?”

우리 반에서 나를 유식이라고 부르는 친구는 희주밖에 없다.

"……응, 그게…….”

나는 얼버무렸다. 사실은, 할 말이 너무 많아서 뭐부터 해야 할지 몰랐다.

화산이 폭발하는 대서양의 원시 섬에서 탈출해서 토네이도에 휘말렸다가, 다리가 달린 고래와 2m가 넘는 거대 전갈에게 쫓기고, 털북숭이 고대 인류에게 납치당했다가 며칠 전에야 간신히 집으로 돌아왔다는 이야기를 믿지 않겠지만…….

희주는 생글생글 미소를 잃지 않으며 기분이 유난히 좋아 보였다.

"희주야, 샤샤가 살아 돌아온 거 확실해?"

아까 했던 질문을 다시 꺼냈다. 샤샤는 희주가 키우던 고양이다. 공원에 버려져 비를 맞고 있는 새끼 고양이를 나랑 희주가 같이 발견해서 2년 동안 희주네 집에서 키웠다. 그러다 병에 걸려서 두 달 전에 죽고 말았다. 희주는 슬픔에 빠져 친구들과 어울리지 않고 멍한 표정으로 먼 산을 바라보다가 간혹 눈물을 흘리곤 했다.

"진짜라니까. 내가 샤샤를 못 알아볼까 봐?"

"우리가 같이 장례식을 했잖아. 고양이들의 공동묘지에서."

꺼림칙해진 나는 얼굴을 찌푸렸다.

"나도 알아. 하지만 사실인 걸 어떻게 해. 나도 어찌된 일인지 모르겠지만, 아파트 단지 안에서 재활용 쓰레기를 정리하다가 샤샤를 발견했어."

희주가 눈앞에서 샤샤를 본 듯이 눈을 동그랗게 떴다. 희주의 표정이 유난히 밝은 이유를 이제야 알 것 같았다. 샤샤라고 믿는 고양이와 온종일 놀면서 행복한 시간을 보냈을 것이다.

송희주는 거짓말할 친구가 아니다. 나는 1학년 때부터 희주

가 거짓말하는 걸 보지 못했다. 내가 빨간 내복의 초능력자라는 걸 아는 유일한 친구이면서, 누구에게도 말하지 않고 비밀을 지켜 준 진실한 친구다.

"뭐? 고양이가 죽었다가 살아났다고?"

희주와 나 사이로 공자의 큰 머리통이 쑥 비집고 들어왔다. 등 뒤에서 우리 얘기를 몰래 엿들은 모양이었다. "그게 아니라……."하고 내가 입을 막으려고 했지만, 교실 안의 아이들이 다 들을 만큼 큰소리로 "희주네 고양이가 죽었다가 다시 살아났대!"라고 소리치면서 뛰어다녔다.

"시끄러워!"

"빨리 집에 가!"

아이들은 공자의 말을 믿지 않았다. 평소에 공자가 워낙 거짓말을 자주 했기 때문이다.

관심을 가진 아이는 우리 반에서 일어나는 모든 사건에 간섭하는 반장 김치곤뿐이다. 김치곤도 희주의 고양이가 이미 죽었다는 걸 알고 있었다.

"고양이는 다 닮아서 사람 눈에는 다 비슷비슷해 보여. 희주네 고양이는 밖에서 다른 길고양이를 만나 새끼를 낳았을 거야. 그리고 집에 돌아와 죽은 거지. 희주가 발견한 고양이는 샤샤가 아니라 샤샤의 새끼일 거야."

탐정의 추리 같은 김치곤의 말에 나도 모르게 고개가 끄덕여졌다. 에 선생님의 칭찬을 독차지하는 우등생 김치곤이다. 입학한 후 단 한 번도 선생님의 칭찬을 받지 못한 나보다 확실히 똑똑하다.

"부모와 자식은 과학적으로 닮아. 그건 DHL 때문이지."

확신에 찬 김치곤이 결론마저 내렸다.

"맞아! 나도 아빠랑 엉덩이 점이 닮았어."

공자가 엉덩이를 까서 희주에게 보여 주려는 걸 희주는 입술을 질끈 깨물며 눈을 감았다.

"그러지 않아도 믿어 줄게."

"DHL? 반장! 나 그거 봤어. 트럭 이름이잖아."

공자가 아는 척했다. 그러자 김치곤이 당황한 얼굴로 도망치듯 사라졌다.

"트럭 때문에 우리가 부모님이랑 닮는 건가? 치곤이는 우등생이니까 틀림없겠지?"

공자는 고개를 갸웃거리며 책가방을 멨다. 교실 문 쪽으로 걸어가다가 갑자기 돌아서면서 비명을 질렀다.

"으악! 설마 죽은 사람이 다시 살아나는 건 아니겠지? 우리 할아버지가 다시 살아나면 으악! 으악! 세배하고 세뱃돈 받아야지."

뜬금없는 말을 남긴 채 공자는 김치곤을 따라 사라졌다.

희주의 얼굴이 살짝 굳어졌다가 다시 밝아졌다.

"DHL이든 엉덩이 점이든 너희들이 뭐라고 하든 샤샤가 다시 살아난 건 확실해."

아무도 희주를 믿지 않았지만, 희주는 실망하지 않았다.

강아지 같은 맑고 동그란 희주의 눈동자를 보면 나는 희주가 진실하다는 것을 알 수 있다. 사건은 그렇게 장난처럼 지나가는 것 같았다.

 문제는 샤샤가 아니다. 내일 당장 체험 학습 보고서와 일기를 내야 한다. 집으로 달려와 책상 앞에 앉아 공책을 펼쳤다. 어떻게 하루 만에 하지? 휴, 한숨이 절로 나왔다.

 단돈 100원으로 대서양의 트리타 섬으로 가는 가족 여행권을 뽑았다. 트리타 섬은 지진이 일어났고, 화산이 폭발했다. 미래를 예언하는 주술 소녀 노주코 밤 덕분에 하늘을 나는 버스를 타고 위기에서 탈출했다. 닭과 오리와 돼지와 염소와 함께 비행기를 타고 가다가 폭풍에 휘말려 무인도에 추락했다. 다치지는 않았지만, 다리가 달린 고래와 거대 전갈과 괴물 지네에게 쫓겨 다녔다. 배가 고파 치킨이 배달되게 해 달라고 기도했더니, 아주 큰 새 고기를 먹을 수 있었다. 새의 조상이면서 육식 공룡의 후손인 시조새라고 했다. 물론 내가 잡은 것은 아니지만. 그 섬에는 인간의 조상인 네안데르탈인과 데니소시지인이 전쟁하고 있었는데…….
 그동안 겪은 체험 학습 장면들이 하나씩 획획 지나갔다. 아주 특별한 체험을 하긴 했지만, 영영 집에 돌아오지 못할 뻔했

다.

"아재님, 그리고 또 무슨 일이 있었지요?"

아재는 내가 아인슈타인 박사를 부를 때 쓰는 말이다. 아인슈타인 천재의 준말이라고 박사는 착각하고 있다. 사실은 아저씨란 뜻인데, 때로는 사실을 모르는 게 낫다.

"유식이 너, 배 많이 고픈가 보구나. 데니소시지인이 아니라 데니소바인이야."

그런데 시조새 맛이 어땠더라? 치킨이랑 달랐던 것 같은데 (궁금한 친구들은 시즌2-3권을 보라).

"아재님, 혹시 숙제를 엄청나게 빨리하는 초능력 같은 건 없나요?"

"그런 건 없고, 있어도 안 가르쳐 주련다."

"내일까지 한 달치 일기와 체험 학습 보고서를 쓰지 않으면 무려 한 달 동안 교실 청소를 해야 한다고요."

난 울먹거리는 척하며 애원했다.

"그래도 안 돼. 숙제 안 하는 아이가 나는 제일 싫어. 왜냐하면, 나도 숙제 잘 안 했거든."

누굴 싫어한다는 뜻이지? 어쨌거나 부모님이 퇴근하시면 도움을 요청해야겠다고 마음먹었다.

저녁 식사를 하려고 온 가족이 식탁에 둘러앉았다.

"난 집밥이 이렇게 맛있는 줄 몰랐어. 네안데르탈인 섬에서 다람쥐를 잡아먹던 생각을 하면 아직도 끔찍해!"

누나가 밥을 입에 쑤셔 넣으며 떠들었다.

"다람쥐가 아니야. 퍼가토리어스라고, 인간의 조상이야."

엄마의 말에 누나는 몸을 부르르 떨며 징그럽다는 표정을 지었다. 하긴, 우리가 조상님을 먹다니, 좀 심하긴 했다. 나는 숙제에 대한 고민 탓에 밥이 잘 넘어가지 않았다. 내가 쓴 체험 학습 보고서를 부모님에게 보여드리며 뭘 더 써야 좋을지 물었다.

누나가 곁눈질로 힐끔 보고는 푸핫, 하고 기가 막힌다는 듯이 웃었다. 밥알이 튀어나와 내 얼굴에 붙었다.

"너무식, 넌 이걸 누가 믿을 거로 생각하니? 아예 이순신 장군님을 만나서 거북선을 탔다고 하면 믿어 줄 거다."

"그것도 틀린 말은 아니네. 우리는 6500만 년 전의 생물들을 만났지만, 이순신 장군은 불과 430년 전이었으니까. 푸하핫!"

아빠의 입에서 밥알이 튀어나와 또 내 얼굴에 붙었다. 내 얼굴은 점점 비빔밥이 됐다. 시무룩한 내 표정을 보고 엄마가 한 소리했다.

"농담할 때가 아니잖아. 유식이한테 얼마나 심각한 일인지 다들 몰라서 그래?"

4명이 밥 12인분을 먹고서야 저녁 식사를 마쳤다. 우리 가족은 거실에 앉아 긴급회의를 열었다.

"지난여름 우리 가족이 겪은 모험을 누구한테 얘기한 사람 있니?"

아빠가 물었다. 우리는 서로 쳐다봤다.

"아니요."

"생각만 해도 끔찍해요!"

"누가 믿어 주겠어?"

아빠는 가족회의에서 결정할 사항이 두 가지라고 했다. 첫째는 나의 숙제, 둘째는 노벨 과학상 수상이었다.

"간단하잖아요. 유식이 숙제는 가짜로 쓰면 되지요. 온 가족이 나눠서 쓰면 하룻밤이면 다 쓸걸요?"

누나가 대수롭지 않게 말했다.

"그 방법도 있겠군." 하고 아빠가 동의했다.

"난 거짓말 일기를 쓰고 싶지 않아요. 4학년 때까지는 거짓말 일기를 써 왔지만, 이제 더는 거짓말로 내 인생을 말하고 싶지 않아요."

내가 단호하게 말하자, 아빠가 팔짱을 꼈다. 누나가 흥, 하고 콧방귀를 뀌었다.

"그러면 말하는 침팬지가 왕이 되어 데니소바인을 이끌고 세계를 정복하려 한다는 이야기를 일기에 쓰겠단 말이야? 그런 일기를 오히려 더 거짓말이라고 할걸?"

누나의 말이 맞았다. 사실대로 쓰면 거짓말이고, 거짓말로 쓰면 사실로 믿어 주는 이상한 상황이 돼 버렸다.

엄마는 냉장고에 숨겨 둔 물건을 꺼내 왔다. 그것은 수첩과 화면이 깨진 스마트폰 그리고 USB 저장 장치였다.

"이 안에 우리가 발견한 고대 인류의 증거가 고스란히 들어 있어. 이걸 세상에 밝히면 유식이는 거짓말쟁이가 되지 않을 거야. 또 아빠가 말한 대로 우리 가족은 엄청난 과학적인 업적을 이룩한 공로로 노벨상을 받을지도 모르지."

"우리 가족이 노벨상을요? 상금이 많다고 들었는데?"

누나가 솔깃한 표정으로 스마트폰을 만졌다.

"유식이는 세계 최초로 가장 어린 노벨상 수상자가 될 수도 있지."

아빠의 말에 나도 모르게 침을 삼켰다.

전 세계가 나를 주목한다, 텔레비전에 나온다, 기자들이 우리 집 근처로 물밀 듯이 몰려온다, 학교에서 나를 너무식이라고 부르는 아이가 없어진다, 다들 나를 우러러본다, 빛나는 스타가 되어······. 황홀한 장면들이 스치고 지나갔다. 그런데 그 끝에 떠오르는 아이가 있었다.

"하지만, 사람들이 고대 인류의 섬으로 몰려가 연구하겠지요?"

"당연하지. 그렇게 하라고 우리가 발표하는 거니까!"

아빠가 팔짱을 끼었다. 엄마가 말을 이었다.

"고대 인류의 섬은 파헤쳐지고 오염될 거야. 지금까지 인간들이 환경을 파괴했던 것처럼. 고대 인류와 고대 생명체를 분석하고 해부해 보겠지."

"그러면 니아는요? 우리를 살려 준 원시 소년 니아와 니아 가족이 실험 재료가 되는 건가요?"

"……."

내 질문에 아무도 대답하지 않았다. 나는 갑자기 눈물이 날 것 같았다.

"나는 니아랑 약속했어요. 니아의 섬을 지켜 주기로요. 니아가 실험실 동물처럼 취급 받는 것은 절대 반대예요!"

나도 모르게 목소리가 커졌다. 눈물이 주르륵 흘렀다.

"투표하자. 노벨상 수상과 고대 인류의 섬 지키기 중에서 선택해."

아빠가 말했다. 나는 노벨상보다 니아의 섬을 지키는 것이 더 중요하다고 말했다. 내 눈물을 닦아 주면서 엄마도 내 의견에 동의했다.

"생각해 보니 노벨상 받으러 가는 게 좀 귀찮다. 지난번 닭을 끌어안고 비행기 추락 사고를 겪은 다음부터는 비행기 타는 게 딱 질색이거든."

누나의 말에 우리 가족은 결론을 내렸다.

마지막 한 가지 일이 남았다. 고대 인류의 섬에 관한 기록과 사진을 저장해 둔 스마트폰과 USB 저장 장치와 수첩을 누구도 찾을 수 없도록 숨겨 두는 것이다. 은행, 대여 금고, 아빠의 회사 금고 등 여러 장소를 얘기했지만, 가장 가까운 곳이 더 안전하다고 판단했다. 깊은 밤, 동네에 지나다니는 사람이 없을 때 우리 가족은 삽을 들고 마당으로 나갔다. 그리고 가장 큰 자두나무 밑에 파묻었다.

"저는 숙제를 내지 않고, 대신 한 달 동안 청소하는 벌을 받겠어요."

아빠와 엄마는 내 어깨를 토닥여 줬다.

노벨상을 포기한 것에 비하면 가벼운 짐이었지만, 나는 니아를 떠올리며 기꺼이 받아들이겠다고 결심했다.

"해외여행이라면 끔찍해. 으휴, 오늘 밤에는 제발 거대 지네와 원숭이 왕에게 쫓기는 꿈을 꾸지 말아야 할 텐데!"

누나는 혀를 내두르며 침실로 들어갔다.

거실에서 텅 빈 골목을 내다보며 나는 생각했다. 때론 비밀

을 그대로 묻어 두는 것이 좋다. 내가 빨간 내복의 초능력자라는 비밀을 세상에 알리지 않는 것처럼.

"유식아, 왜 방에 안 들어가니? 어서 자야지."

엄마가 물었다. 나는 낮부터 궁금했던 일을 꺼냈다. 고등학교 과학 선생님인 엄마라면 얼마든지 현명한 답변을 해 줄 것 같았다.

"죽은 동물이 살아 돌아올 수 있나요? 전에 어디선가 들었는데, 죽은 개구리에게 전기 충격을 줬더니 펄쩍 뛰었고, 잘린 말 머리에서 눈동자가 돌아갔다고 하던데……."

"아, 이탈리아 의학자 갈바니가 했던 실험 말이구나. 그건 죽은 동물이 살아난 게 아니라 전지를 발명한 계기가 된 화학적 실험이었지."

"그럼 프랑켄슈타인은요? 죽은 사람에게 생명을 불어넣었다면서요."

"그건 실제 있었던 사건이 아니라 소설이지. 요즘 무서운 꿈을 자주 꾸니?"

엄마가 내 어깨를 안았다. 나는 학교에서 희주가 말했던 일을 엄마에게 들려줬다. 우리 가족은 희주 가족과 아는 사이였기에 샤샤가 죽은 걸 엄마는 알고 있었다.

엄마는 희주가 샤샤를 몹시 그리워한 나머지 비슷한 고양이를 샤샤로 착각했을 거라고 했다.

"희주가 사진을 보여 줬는데 정말 샤샤랑 똑같았어요."

"과학적으로 일어날 수 없는 불가능한 얘기야. 샤샤가 밖에 나가서 낳은 새끼가 아닐까? 사람 눈에 고양이는 다 비슷해 보이잖아."

엄마는 부모와 자식은 다 닮는다고 했다.

"이 세상 모든 자식은 부모와 닮지. 이걸 유전이라고 해. 부모가 자손을 만들 때, 부모가 가진 특성은 자손에게 전달돼. 아빠와 엄마가 가진 머리카락 모양, 피부색, 눈동자 색깔, 혈액형 등이 자녀에게 전달되거든."

"어떻게 자식이 부모랑 닮는 거예요? 어떻게 부모에서 자식으로 유전되는 거예요?"

내 호기심은 끝이 없다. 호기심이 꼬리에 꼬리를 물며 계속 솟아났다.

엄마는, 보통 아이들 같았으면 유전된다는 것에서 궁금한 것이 사라져서 더 묻지 않았을 텐데, 역시 유식이라서 새로운 탐구를 한다며 칭찬했다.

엄마는 거실의 유리창에 펜으로 그림을 그렸다.

내 얼굴은 누가 결정할까?

초능력자의 과학수첩

이 세상에 똑같은 얼굴을 가진 사람은 없어. 똑같은 강아지도 없고, 똑같은 고양이도 없어. 이 세상의 모든 생명체는 조금씩은 다 달라. 아빠와 엄마가 같은 자식들이지만, 얼굴은 조금씩 다 달라.

내 얼굴이 이렇게 생기도록 결정하는 것은 부모님의 유전자야. 유전자라는 것은, 유전 정보의 기본 단위야. 우리가 부모님에게 물려받는 특징 하나하나를 유전자라고 해. 결국, 유전자가 내 얼굴을 결정하는 거야.

유전자는 내 코의 크기와 위치를 결정하고, 내 눈의 크기와 색깔을 결정하고, 내 입과 피부와 콧구멍의 크기 등 모든 것을 결정해. 한 마디로, 유전자는 우리 얼굴과 몸에 대한 자세한 정보를 담은 설계도인 셈이야.

"자, 이건 염색체라는 거야. 염색체에 대해서는 나중에 시간을 내서 자세히 설명할게. 지금은 염색체라는 것이 우리 몸에 있다는 것만 알아 둬. 아빠의 염색체와 엄마의 염색체가 합쳐져서 자식이 만들어지는 거야. 이것을 뭐라고 한다?"

"유전!"

"그렇지. 부모와 자식은 닮을 수는 있어도 완전히 똑같을 수가 없어. 샤샤가 자신과 완전히 똑같은 새끼를 낳을 수 없다는 말이지."

"그런데 엄마, 만약 지금 희주의 새로 온 고양이가 샤샤의 새끼라면 나이가 샤샤보다 훨씬 어려야 하잖아요. 하지만 희주의 새 고양이는 샤샤랑 나이가 비슷한 것 같아요."

엄마가 턱을 매만지면서 고개를 갸웃했다.

"그건 좀 이상한 일이구나. 샤샤가 두세 살밖에 안 되었을 텐데. 새끼가 빨리 자랐나?"

"혹시 샤샤의 형제가 아닐까요? 샤샤는 길고양이 새끼였으니까 샤샤의 어미가 여러 마리를 낳았는데, 그 가운데 한 마리를 희주가 키웠고, 다른 형제들은 길고양이로 떠돌다가 희주한테 다시 발견될 수 있잖아요."

"아, 그렇구나. 역시 유식이는 과학 추리마저 잘하네. 그런

데 형제라고 해도 똑같지 않아. 이 세상에 완전히 똑같은 형제는 없어. 아무리 쌍둥이라 해도 조금은 다르지. 새로 왔다는 고양이를 자세히 살펴봐. 샤샤와는 다른 특징이 있을 거야."

엄마는 스마트폰의 보안 장치를 예로 들었다.

"스마트폰의 대표적인 보안 장치가 지문 인식과 홍채 인식이잖아. 지문과 홍채는 이 세상에 나와 같은 사람이 없어서 나만의 열쇠처럼 쓸 수 있는 거야. 아니, 같은 사람이 전혀 없다고 할 수는 없지만, 같은 사람을 찾는다는 것은 확률적으로 불가능한 수준이지. 쌍둥이도 지문과 홍채는 서로 달라. 하나의 염색체 속에는 수백 개에서 수천 개의 유전자가 들어있는데, 부모의 염색체가 합쳐지면서 유전자가 조합될 때 똑같이 조합될 확률이 거의 없기 때문이지."

"왜요? 왜 똑같이 조합되지 않아요?"

어이쿠, 하고 엄마는 밤이 늦었다면서 더 자세한 얘기는 내일 하자고 했다.

나는 방에 들어와 불을 끄고 침대에 누웠다. 호기심이 계속 꼬리를 물고 머릿속을 맴돌았다.

"부모님의 염색체가 각각 나뉘어서 내가 만들어졌으니까 내가 부모님과 똑같지 않은 것은 알겠어. 그런데 왜 누나와 나는 똑같지 않지? 누나도 부모님의 염색체가 나처럼 각각 나뉘어서 다시 합쳐진 것일 텐데."

잠을 잘 수 없었다.

누나한테 물어보면 그 이유를 알까? 누나에게 '자?' 하고 문자 메세지를 보내자 돌아온 대답은 간단했다.

"끔찍! 난 절대 반대!"

내가 뭘 말하려고만 하면 무조건 반대다.

크르릉 쿨, 크르르릉 쿨. 내 머릿속 아인슈타인 박사마저 깊게 잠들었다.

초능력자의 과학수첩

우리 가족은 왜 비슷하게 생겼을까?

　가족이 모두 모여 찍은 가족사진을 봐. 가족 모두 똑같이 생기지는 않았지만, 뭔가 닮았고 어딘가 비슷해. 눈썹은 아빠를 닮고, 입술은 엄마를 닮고, 코는 할아버지를 닮고, 귀는 외할머니를 닮았어. 우리 가족을 모르는 사람도 아빠와 나를 보면 붕어빵처럼 닮았다고 해. 이 세상 모든 자식은 이렇게 부모를 닮아. 이것은 유전 때문이야. 부모가 가진 특성이 자손에게 전달되는 게 유전이야.

33

초능력자의 과학일기

왜 세상 사람들은 모두 얼굴이 다를까?

이상하다. 아빠와 엄마는 같은데 왜 형제와 자매 등은 얼굴이 다 다를까? 부모님에게 같은 유전자를 물려받았을 텐데, 그러면 얼굴이 똑같아야 하는 것 아닐까? 일란성 쌍둥이라고 해도 어딘가는 다른 점이 있다.

여기서 DNA라는 걸 알아야 한다. DNA란 유전자를 만드는 물질이다. 유전자는 DNA 속에 들어 있다. 우리가 만들어질 때 아빠와 엄마의 DNA를 물려받는다. 유전자는 DNA를 통해 부모에게서 나에게 전달된다.

왜 사람마다 얼굴이 다르냐면, DNA 속에 있는 유전자가 엄청나게 많고, 그 유전자들이 조합하는 확률이 또 엄청나게 많기 때문이다. 어떤 유전자가 어떻게 조합되느냐에 따라 얼굴 생김새가 달라지는데, 유전자 조합이 똑같이 만들어질 확률이 $\frac{1}{800만}$이라고 한다. 그래서 사람은 얼굴이 다 다르다.

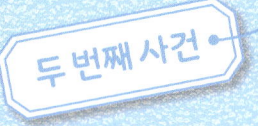

고양이 무덤에 가다

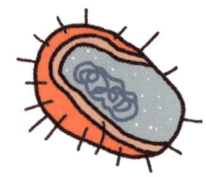

"예, 오늘은 방학 숙제를 내는 마지막 날이다. 모두 열심히 해서 내주었구나. 그런데 체험 학습 보고서와 일기장 2가지 모두 안 낸 학생이 우리 반에 딱 한 명이 있어."

에 선생님의 말씀에 아이들이 두리번거렸다.

"누구야? 누구?"

"뻔뻔하네. 어떻게 그러고서 학교에 나올 수가 있어?"

아이들의 시선이 공자에게 몰렸다.

"난 아니야. 일기 몇 편은 썼어."

공자는 천연덕스러운 표정을 지었다. 그러자 공자에게 떠난 시선이 다음 차례로 나를 향했다.

나는 고개를 힘없이 떨구고 손을 들었다.

"나유식, 벌칙이 뭔지는 잘 알지?"

에 선생님의 질문에 내가 아니라 우리 반 아이들이 단체로 대답했다.

"한 달 동안 청소 당번이요!"

에 선생님이 고개를 절레절레 흔들면서 가볍게 한숨을 내쉬었다.

"너무식은 역시 무식해. 변함없는 우리 반 꼴찌야."

아이들이 대단하다며 혀를 내둘렀다. 공자는 엄지를 척 추켜세웠다. '역시 우리 반 꼴찌는 내가 아니라 너다!'라는 뜻이었다. 숙제를 못 내서 좋은 점이라면, 사이가 멀어졌던 공자와 다시 친해졌다는 것이다. 공자는 자신이 꼴찌가 될까 봐 늘 걱정했다. 더구나 거짓말로 일기를 쓰지 않아서 좋았다. 다행스러운 일이 아닐 수 없다.

"선생님, 루나가 안 왔어요."

반장 김치곤이 말했다. 그러고 보니 어제부터 루나가 보이지 않았다.

"루나는 지금 프랑스에 있어. 해외 촬영이 늦게 끝나서 내일쯤 돌아온다고 하더구나."

"햐, 역시 스타는 달라."

아이들이 감탄을 터트렸다.

루나는 텔레비전에 날마다 나오는, 그래서 우리나라 국민이라면 모르는 사람이 없을 만큼 유명한 아역 스타다. 드라마와 영화배우, 광고 모델, 최근에는 아이돌 가수로 활동한다. 그런 아이가 여름 방학 전에 평범한 우리 학교에 갑자기 전학을 와서 신기했다. 아이들 사이에서 전학을 온 이유를 두고 별의별 소문이 다 퍼졌지만, 정확한 사실을 아는 사람은 없다. 어쨌거나 전교생이 루나의 사진을 찍으려고 몰려드는 통에 우리 반 복도는 마감 직전 폭탄 세일을 하는 마트 같았다.

쉬는 시간에 화장실을 다녀온 희주의 얼굴이 딱딱한 빵처럼 굳어졌다. "무슨 일이야?"라고 내가 물었다. 희주의 공책에 누군가 사인펜으로 진하게 다섯 글자를 써 놓았다.

'거짓말쟁이.'

몇몇 아이들이 킥킥대며 웃는 거로 봐서 자기들끼리는 뭐라고 썼는지 이미 아는 것 같았다.

"누구 짓이야?"

참을 수가 없었던 나는 큰소리를 쳤다. 내가 교실에서 큰소리친 것은 5학년이 되어서 처음 있는 일이었다. 괜찮다면서 희주가 말렸다. 나는 누가 이런 짓을 했냐며 또 한 번 화냈다. 나를 놀리는 건 어떤 것이든 참을 수 있지만, 친구를 놀리는 건

참을 수 없었다.

"죽은 고양이가 살아 돌아왔다면서. 거짓말이 아니고 뭐냐?"

석수가 빈정거렸다. 그러자 다른 아이들도 한 마디씩 거들었다.

"우리 다 봤어. 송희주가 SNS에 올린 고양이 사진 말이야. 다시 살아 돌아온 샤샤 어쩌구라고 써 놨잖아."

희주는 아무 말 없이 비 맞은 새처럼 어깨를 떨었다. 나는 희주를 대신해서 뭐라고 변명하고 싶었지만, 할 말을 잃어버렸다.

"너희들, 송희주가 거짓말하는 거 봤어? 지금까지 한 번이라도 봤냐고?"

아이들을 둘러보며 나는 큰 소리로 물었다. 아이들은 서로 눈치를 살피며 말을 하지 못했다.

"거짓말을 한 게 아니라면, 미친 거야? 뇌가 이상해져서 죽은 고양이가 살아났다고 믿는 거야? 희주야, 무섭다! 난 희주가 무서워. 덜덜덜."

석수가 겁에 질린 시늉을 하며 입술을 삐죽였다. 아이들이 하하, 웃었다.

"그만해! 친구들끼리 왜 이래?"하고 나는 외쳤다. 동규가 막아섰다.

"너무식, 넌 희주 말을 믿어? 죽은 고양이가 다시 살아난 걸 믿냐고?"

"나? 난 말이야……."

반 아이들 전체가 나를 쳐다봤다. 난 힐끔 등 돌린 희주의 움츠린 어깨를 바라봤다.

"그만해! 다들 그만하라고!"

희주가 눈물을 훔치며 교실을 뛰쳐나갔다. 나는 희주를 부르면서 따라가려고 했다. 김치곤이 내 앞을 가로막았다.

"청소 담당이 어디를 가는 거야? 남아서 청소나 해."

"너무식! 너꼴등! 남의 일에 간섭하지 말고 숙제나 잘 해 와."

아이들이 혀를 메롱 내밀고는 가 버렸다. 교실에는 공자와 단둘이 남았다. 공자는 내 어깨를 두드려 주며 위로했다.

"무식아, 네가 2학년 때부터 희주를 짝사랑했다는 걸 알아. 하지만 사랑과 진실은 같은 게 아니잖아. 인정할 건 인정해."

뜬금없이 왜 드라마 대사를 꺼내는 거지?

"지금 그런 말을 하는 게 아니잖아."

내가 억울한 표정을 짓자 공자는 내 마음 다 안다는 듯이 고개를 끄덕이며 교실을 떠났다. 난 혼자 남아서 진땀을 흘려가며 청소했다. 거짓말쟁이라고 따돌림을 받는 희주의 누명을 벗겨줄 방법을 청소하는 내내 찾았지만, 생각나지 않았다.

집에 가는 길에 희주가 걱정되어 희주 집에 들렀다. 희주는 샤샤와 단둘이 있었다. 희주의 목소리가 밝지 않았다. 아이들의 놀림 때문이냐고 묻자 그건 상관없다고 했다.

"샤샤가 이상해서 그래."

"어떤 점이?"

불길한 느낌이 스쳤다.

"원래 샤샤는 강아지처럼 나를 온종일 졸졸 따라다녔거든. 뭐든 잘 먹었는데 특히 삶은 닭가슴살이랑 참치 캔을 아주 좋아했어. 그런데 지금은 닭가슴살이나 참치 캔은 냄새도 맡기 싫어해. 나를 따라다니지도 않고 오라고 하면 자꾸 숨어."

희주는 샤샤가 가장 좋아하던 사료도 안 먹는다고 했다. 지금은 마따따비*만 자꾸 찾는다고 했다. 한 마디로, 샤샤의 성격, 습관, 식성이 모두 바뀌었다는 것이다.

"기억을 잃어버린 게 아닐까? 영화에서 봤는데 사고를 당해서 충격을 받으면 과거의 기억을 잊어버리는 기억 상실증에 걸릴 수도 있대."

내 위로가 안 통했는지 희주의 얼굴은 여전히 우울해 보였다.

"희주야, 동물병원에 데려가 보자. 샤샤가 어디가 아파서 그럴 수도 있잖아."

희주가 다니던 동물병원은 버스로 네 정거장을 가야 했다. 희주는 샤샤를 강아지 집에 넣어 나왔다. 우리는 버스 제일 뒷자리에 나란히 탔다.

---

* **마따따비** 개다래나무의 가지 부분. 고양이가 좋아하는 향을 갖고 있어 진정과 기분 전환에 도움이 된다고 알려져 있다.

나는 샤샤를 자세히 관찰했다. 엄마 말대로 진짜 샤샤와 다른 특징이 있는지 유심히 살펴봤다. 희주에게 샤샤의 옛날 사진을 보여 달라고 했다. 샤샤는 원래 오드 아이였다. 왼쪽 눈동자는 노란색, 오른쪽 눈동자는 파란색이었다. 귀가 짧았고, 몸은 하얀색이었으며, 왼쪽 발목에는 발찌를 찬 듯한 무늬가 있었다.

"완전히 똑같네. 어디 하나 다른 점이 없어."

"그렇다니까. 내가 왜 거짓말을 하겠어?"

희주는 아이들이 자신을 믿지 않아 갑갑하다는 듯 가볍게 한숨을 쉬었다.

"유식아, 혼자 남아서 청소하는 게 안 힘드니? 왜 방학 숙제를 안 해 왔어? 다른 아이들처럼 엉터리로 베껴서라도 내지?"

희주가 내 걱정을 했다. 나는 희주한테만큼은 사실대로 말하고 싶었다.

"사실은, 여름 방학 때……."

나는 죽을 고비를 다섯 번 넘기고 간신히 개학 하루 전에 살아 돌아온 모험에 관해 얘기했다. 아직도 가끔 고대 인류와 바다전갈에게 쫓기는 꿈을 꾼다는 말로 마무리했다.

"희주야, 내 말 믿어?"

"물론 믿지. 난 네가 하는 말은 무조건 다 믿어."

희주가 미소를 지었다. 교실에서 아이들 앞에서 내가 못 했던 말을 희주는 내게 해 준 것이다. 가슴 밑바닥이 든든해지는 기분이었다. 이런 걸 용기라고 하는가 싶었다. 믿어 주는 친구가 있으면 용기가 생긴다는 걸 그때 깨달았다.

"오랜만에 왔구나. 어디 보자. 체중은 정상이고……."

스마트 동물병원의 수의사 선생님은 예전에 받았던 진단 카드를 살피며 샤샤를 진찰했다. 수의사 선생님은 샤샤가 1년 전에 죽었다는 사실을 모르고 있었다.

"특별한 질병은 없는데? 동물들은 식욕이 떨어지거나 식성이 바뀌곤 해. 발정기를 전후로 해서 평소와는 다르게 행동하지. 이름이 뭐였더라?"

"샤샤요."

희주가 대답했다.

"맞아. 샤샤. 우리 병원에서 새끼 고양이 때부터 꾸준히 예

방 접종을 받아서 내가 잘 알지. 모두 정상이야. 매우 건강해."

희주는 결과에 만족하는 표정을 지었다. 샤샤를 안고 진료실을 나오려다가 말고 나는 문득 궁금한 점이 떠올라서 희주에게 먼저 나가 있으라고 했다.

"수의사 선생님, 혹시 고양이 지문을 알 수 있나요? 홍채 인식은요?"

엄마는 지문과 홍채는 같은 사람이 있을 수 없다고 했다. 그래서 스마트폰 보안 장치로 사용할 수 있다고 했다.

"고양이 지문이라니? 홍채는 또 왜?"

수의사 선생님이 의아한 표정을 지었다.

"지문과 홍채는 똑같은 사람이 있지 않다고 들었어요. 고양이도 그럴까 해서요. 만약 그렇다면 예전 샤샤의 지문이나 홍채와 지금 샤샤의 지문이나 홍채를 비교하고 싶어서요."

"지문은 사람이나 원숭이, 유인원 같은 손을 쓰는 동물에게만 있는 특징이야. 물건을 잡을 때 미끄러지지 않게 하기 위해서지. 다른 동물에게는 없어. 그리고 우리 병원에선 동물의 홍채를 검사하지는 않아."

수의사 선생님은 왜 그런 걸 물어보냐고 물었다. 나는 드라마에서 봤는데, 친부모인지 아닌지 알아내는 검사가 있어서 동물에게도 그런 검사를 할 수 있는지 알아보고 싶었다고 둘러댔다.

"아하, 친자 확인 검사 말이구나. 요즘 그런 드라마가 많이 나오곤 하지. 원수인 줄 알았는데 친자식이었다는 식의 이야기 말이야. 그런데 고양이 친자 확인 검사라는 건 처음 들어 봐. 우리 병원에서 유전자 검사는 안 해."

수의사 선생님은 허허, 하고는 조금 어이가 없어 했다. 유전은 엄마한테 들어서 기억이 나는데, 유전자는 뭐였더라?

"유전자는 어떤 전자의 종류예요?"

"전자가 아니라, DNA가 가진 정보를 유전자라고 해."

처음 듣는 어려운 말이 계속 나왔다. 모르는 게 너무 많을 때는 어디서부터 얘기할지 답답했다. 안 되겠다 싶어서 사실대로 물어봤다.

"죽은 동물이 다시 살아날 수 있어요?"

수의사 선생님은 눈을 한 번 크게 뜨고는 빙긋 웃었다.

"드라마를 너무 본 거 아니니? 현실에선 절대 있을 수 없는 일이지."

"그렇다면 자식이 부모와 완전히 똑같을 수는 있나요?"

"그것도 불가능한 일이지. 왜냐하면 말이지······."

수의사 선생님은 마침 바쁘지 않으니 짧게 설명해 주겠다고 했다. 책장에서 아주 두꺼운 붉은 책을 꺼내 펼쳤다. 수의사가 되기 위해 공부했던 책이라고 했다.

수의사 선생님은 목에 십자가를 멘 신부님 같은 분을 보여 줬다.

"이분이 멘델이야. 완두콩으로 유전을 알아낸 놀라운 분이지."

세상에! 내가 싫어하는 완두콩도 유전한다는 걸 알게 됐다.

"여기 있구나. 이 그림을 봐라. 이것이 세포라는 거야. 동물

세포와 식물 세포는 조금 다르지. 모든 동물은 세포라는 작은 조직으로 이루어져 있어. 세포 안에는 세포핵이라는 게 있는데, 이 세포핵 속에 DNA가 있지. 이 DNA가 가진 최소 단위의 정보 하나하나가 유전자야. 하나의 DNA 안에는 수백에서 수천 개의 유전자가 있어."

수의사 선생님은 세포 중에서 자손을 만드는 세포를 생식 세포라고 했다.

"세포 안에는 염색체 46개가 있지. 생식 세포가 만들어질 때 46개의 염색체가 반으로 갈라져서 23개로 나누어져. 아빠의 염색체 23개와 엄마의 염색체 23개가 합쳐져서 자손이 만들어지지. 그런데 아빠와 엄마의 염색체가 23개로 나누어질 때 어떤 원칙이 없어. 어떤 염색체가 포함될지는 아무도 모르는 거야. 하나의 염색체 안에는 수백 개에서 수천 개의 유전자가 있다고 했지? 어떤 염색체가 포함되느냐에 따라 엄청나게 다양한 유전자의 조합이 일어나. 그래서 부모와 자식은 똑같을 수가 없어. 또 나랑 똑같은 유전자를 가진 인간도 없는 거야. 굳이 따지자면 나랑 똑같은 유전자를 가진 인간이 태어날 확률은······."

수의사 선생님은 10의 17제곱분의 3.67이라고 했다. 이것은 지구에 사는 모든 인구보다 500만 배 더 많은 사람이 살 경우에 1명 있을 수 있는 확률이라고 했다.

"그래서 친자 확인 유전자 검사를 하면 친자일 확률이 99.99999999999⋯⋯로 나오는 거야."

"아! 지구 인구가 지금보다 500만 배 더 살아야 나랑 완전히 똑같은 인간이 태어날 수 있다는 뜻이네요."

나는 수의사 선생님의 말을 과학 수첩에 빠짐없이 적었다. 그리고 정중하게 감사 인사를 올리고 희주가 기다리는 병원

초능력자의 과학수첩

DNA는 내 몸 어디에 있는 거지?

유전자를 만드는 물질을 DNA라고 해. 엄마 아빠의 DNA가 복제돼서 내 몸을 이루기 때문에 내가 엄마 아빠랑 붕어빵 아들딸이 되는 거지.

DNA는 가느다란 두 개의 실이 서로 꼬여 있는 나선 모양이야. 이 나선 속에 무수히 많은 유전자가 들어 있지.

DNA가 내 몸 어디에 있냐고? 세포핵 속에 있어. 세포 분열이 이루어지지 않을 때는 가느다란 실 형태로 있다가, 세포 분열이 이루어질 때 염색체로

뭉쳐서 복제가 이루어져. 세포 분열이 뭐고, 염색체가 뭐냐고? 그건 조금 후에 더 알아볼게.

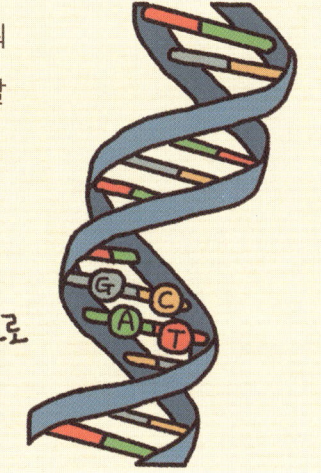

모든 생명체의 유전자는 아데닌(A), 티민(T), 구아닌(G), 사이토신(C)으로 구성돼 있어.

대기실로 나왔다.

유전자 설명을 들으니 더 투지가 불타올랐다. 그래서 좀 더 확실한 증거를 찾기로 했다.

"희주야, 우리 샤샤의 무덤에 가 볼까?"

참고 있던 말을 조심스럽게 건넸다. 만약 샤샤가 다시 살아난 거라면 무덤에 샤샤의 시체가 없을 테니까. 이것만큼 희주가 거짓말쟁이라는 누명을 벗을 확실한 방법은 없었다.

우리는 샤샤를 고양이 천국에 묻었다. 고양이 천국은 인터넷으로 알게 된 곳인데, 길고양이들이 죽으면 묻는 비밀스러운 장소였다. 장발산 뒤 숲속 등산로에서 떨어진 으슥한 곳으로 사람이 거의 다니지 않았다.

희주가 고개를 끄덕였다. 우리는 희주의 집에 샤샤를 두고 삽을 든 채 장발산으로 향했다. 늦여름이라서 수풀과 나무가 푸르고 울창하게 우거져 있었다.

"샤샤를 묻은 곳을 찾을 수 있겠어?"

"큰 라일락 나무 밑에 묻었잖아. 어떻게 잊어버릴 수 있겠어?"

우리는 수풀을 헤치며 더 깊고 어두운 곳으로 들어갔다. 차가운 기운에 소름이 오소소 돋았다. 라일락 나무에 다가간 우리는 깜짝 놀랐다.

"이게 어떻게 된 일이지?"

희주가 가리킨 샤샤의 무덤은 파헤쳐진 흔적이 있었다.

"저기도 그래! 저쪽도!"

샤샤의 무덤만 파헤쳐진 게 아니었다. 최근에 묻은 무덤 몇 곳도 파헤쳐진 흔적이 생생했다.

"무덤에서 뭔가 나온 것일까, 아니면 무덤을 판 것일까?"

내가 물었지만, 희주는 눈을 동그랗게 뜬 채 대답이 없었다.

"유식아, 정말 무덤을 파 볼 거니?"

"샤샤가 정말 다시 살아났는지 확인하려면 사체를 확인해

야 하잖아. 사체가 이 무덤 안에 없어야 해!"

후두두둑!

"까아악!"

우리는 비명을 질렀다. 새들이 날아가는 소리였다.

나는 주먹을 불끈 쥔 채 삽을 들었다.

"희주야, 지진이 났나 봐. 땅이 떨려."

"네가 떨어서 그래. 너무 떨어서 멀미가 날 것 같아."

삽을 들고 푹, 하고 무덤에 꽂았다.

"아, 아, 고양이가 툭 튀어나오면 어떻게 하지?"

더 파헤칠 용기가 나지 않았다.

"유식아, 무덤을 팔 필요는 없어. 이것으로 됐어."

희주가 돌아섰다.

"왜? 나, 팔 수 있어. 진짜야."

"아니야. 난 믿을 거야. 샤샤가 다시 살아난 것으로. 아이들이 거짓말쟁이라고 놀려도 상관없어. 내가 믿으면 되는 거야."

희주는 어두워지기 전에 서둘러 장발산을 내려가자고 했다. 헤어지면서 희주는 샤샤의 무덤에 왔다는 걸 비밀로 지켜 달라고 부탁했다.

'우리 둘은 서로의 비밀을 하나씩 간직하게 되었구나. 너는 내가 빨간 내복이란 비밀, 나는 샤샤의 무덤이 파헤쳐졌다는 비밀.'

희주는 샤샤를 부르며 집으로 들어갔다. 정말 샤샤가 다시 살아난 게 맞을까?

집으로 돌아온 나는 유전과 DNA에 대해 더 찾아봤다.

초능력자가 되는 공부법은 보통 공부법과는 다르다. 내가 이렇게 과학을 열심히 공부하는 데는 특별한 이유가 있다. 우등생이 되려는 게 아니다. 지구를 지키려는 것이다. 나는 지구

초능력자의 과학수첩

염색체와 DNA는 어떻게 다를까?

세포는 종류가 여러 가지야. 우리 몸의 각 기관은 다른 종류의 세포로 되어 있어. 모양도 다르고, 하는 일도 달라.

뇌를 구성하고 있는 세포는 신경 세포야. 눈, 코, 입 등을 통해 받아들이는 정보를 뇌로 전달하는 역할을 하고 있어. 피를 만드는 적혈구나 백혈구는 둥그런 모양이지. 적혈구는 몸 구석구석 산소를 실어 날아. 백혈구는 몸속에

나쁜 균이 들어오면 맨 앞에 서서 싸우는 전투병이야. 심장이나 팔다리를 만드는 세포는 근육 세포로, 튜브 모양이야. 몸의 근육뿐 아니라 뼈를 만드는 것도 근육 세포야.

  기능이 정해진 세포도 있지만, 아직 무엇이 될지 모르는 어린이 같은 세포도 있어. 줄기세포는 기능이 정해지지 않은 채로 몸 안에 있다가 근조직이 되기도 하고 신경 세포가 되기도 해. 그래서 어린 세포이면서 어떤 세포로도 변할 수 있어서 환자를 치료하는 데 많이 이용돼.

  이 세포들 모두 핵을 갖고 있어. 핵 안에 염색체가 있어.

  우리 몸에 대한 정보는 DNA에 담겨 있지. 세포의 핵 안에 염색체가 있어. 염색체 위에 DNA가 죽 늘어서 있어. 그래서 염색체는 인간을 만드는 설계도라고 할 수 있어. 세포 하나하나에는 우리 몸에 대한 정보가 있는 셈이야.

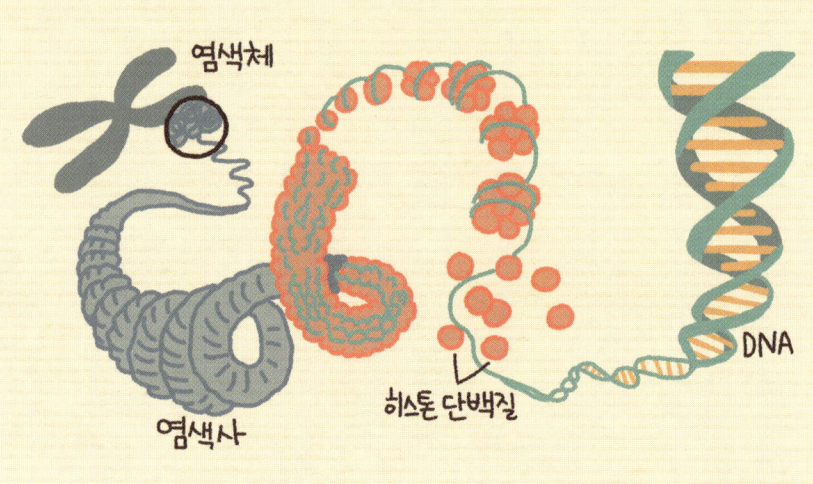

를 지킬 임무를 가진 빨간 내복의 초능력자지만, 비참하게도 초능력을 다 잃어버렸다.

　초능력자가 되려면 과학의 원리를 완벽하게 내 뇌 속에 심어야 한다. 그러면 내 콧구멍 속의 별똥별이 작동하면서 뇌에서 번개가 치는 듯한 느낌이 들고, 후끈후끈 온몸이 달아오르면서, 어느 순간 에너지가 폭발하고 초능력이 터져 나오는 것이다. 메뚜기가 높이 뛰는 원리를 깨달으면 메뚜기처럼 빌딩 위로 뛸 수 있고, 물고기가 물속에서 숨을 쉬는 원리를 깨달으면 물고기처럼 아가미가 생기며 자유롭게 숨을 쉴 수 있다.

　과학 수첩을 다 썼다. 으얍! 엄청난 초능력이 곧 나오겠지? 그런데 아무런 반응이 없다. 아직 공부가 부족한 모양이다. 아인슈타인 박사가 암기하면 소용이 없다면서 이해를 해야 한다고 했는데, 난 자꾸 암기하려는 게 문제다.

　으아얍! 더 힘을 줘도 방귀만 나왔다.

　실망에 빠져 있을 때 컴퓨터에서 메일이 왔다는 소리가 울렸다. 한글이 아닌 어려운 문자로 쓰인 메일, 노주코 밤이었다. 자동 번역해 보았다.

유식 내복님,

트리타 섬과 고대 인류의 섬에서 두 번이나 제 목숨을 구해 준 것에 대해 다시 한 번 감사드립니다.
지금 저는 반투투 부족들과 함께 나이팅게일 섬에 머물고 있습니다. 유식 내복님에게 급하게 연락을 할 방법을 찾던 중에 마침 국제구호단체에서 오신 분의 도움을 받아 컴퓨터를 사용하게 되었습니다.
제가 급하게 연락한 이유는 매우 이상한 예지몽을 꾸었기 때문입니다. 그제 밤과 어젯밤, 저는 두 번에 걸쳐 똑같은 꿈을 반복해서 꾸었습니다. 검은 그림자가, 그러니까 사람인지 동물인지 모를 검은 그림자가, 죽었던 그림자가 다시 살아나면서 살아 있는 생명을 먹어 치우는 꿈이었습니다.
참으로 불길한 꿈이 아닐 수 없습니다!
유식 내복님, 죽은 생명과 연결된 산 생명을 조심하세요!
이것이 제가 드릴 수 있는 미래의 예언입니다.
또다시 유식 내복님을 만날 수 있기를 기원하면서.

- 소녀 주술사 노주코 밤으로부터

노주코 밤은 미래를 내다보는 마법의 소라고등을 가진 소녀다. 아인슈타인 박사가 내게 트리타 섬으로 가

라고 한 이유가 바로 미래를 내다보는 마법의 소라고둥을 찾기 위해서였다. 그런데 어디에서도 찾을 수 없던 마법의 소라고둥은 노주코 밤의 이마에 무늬로 새겨져 있었다.

'죽은 생명이라면 지금 내 주변에서는 샤샤밖에 없다. 산 생명이라면 새로 나타난 샤샤일까?'

노주코 밤의 예언은 단 한 번도 틀린 적이 없었다. 열다섯 번 방귀를 뀌고, 설사 똥 위로 미끄러진다는 것까지 모두 맞혔다. 노주코 밤의 예언이 아니었다면 나는 데니소바인들이 쏜 화살에 맞아 죽었을 것이다.

"아재님, 이럴 때는 어떻게 해요?"

"……크르렁 쿨, 크크크렁 쿨쿨."

아인슈타인 박사는 여전히 깊은 잠에 빠져 있었다. 고대 인류의 섬에서 우리 가족을 구출하느라 엄청난 에너지를 써서 잠에 빠지는 시간이 많아졌다.

잠자리에 누웠지만, 걱정이 검은 먹구름처럼 몰려왔다. 베개에 얼굴을 파묻었다.

톡, 톡, 톡, 드륵, 드르륵, 드르르륵…….

어둠 속에서 뭔가 두드리는 소리, 뭔가 긁는 소리가 들렸다.

창문 쪽으로 다가갔다.

어스레한 가로등 불빛을 받으며 날카로운 발톱으로 창문을 긁었다. 어둠 속에서 노란색과 파란색 눈동자가 빛났다. 샤샤였다.

'이 밤중에 희주가 찾아오다니!'

창문을 열고 내다봤지만, 희주는 없었다. 그런데 어둠 속에서 반짝이는 눈동자들이 하나둘 계속 나타났다. 샤샤만이 아니었다. 두 마리, 세 마리, 네 마리…… 열 마리, 스무 마리……. 셀 수 없을 만큼 많은 고양이가 창문 앞으로 달려왔다.

'샤샤, 왜 고양이 떼를 끌고 왔니?'

나는 으아악, 비명을 지르고 말았다. 고양이들이 보통 고양이가 아니었다. 움직임이 이상했다. 관절 마디마디가 꺾였다. 머리가 180도로 돌아갔다. 이빨이 입 밖으로 튀어나왔다.

'좀비다! 좀비 고양이다! 무덤에서 살아나온 좀비 고양이들이다!'

무서워서 창문을 닫으려는 순간, 샤샤가 훌쩍 창문을 넘어왔다. 샤샤는 내 얼굴 위로 올라탔다.

"저리 비켜!"

내가 비틀거리는 틈을 타서 수많은 좀비 고양이 떼가 창문

을 타고 넘어왔다.

"오지 마! 가까이 다가오지 마!"

공포에 질려서 머리카락이 쭈뼛 섰다. 뒷걸음치다가 넘어졌다. 좀비 고양이들이 에워쌌다.

"야야아아아옹! 카악, 카아아악!"

수백 마리 좀비 고양이들이 나를 물어뜯으려고 이빨을 드러냈다.

'물리면 나도 좀비가 될 거야. 초능력! 초능력이 나와야 해!'

메뚜기 초능력! 두더지 초능력! 코끼리 초능력! 스컹크 초능력! 초능력 비슷한 것도 나오지 않는다. 좀비 고양이들이 나를 덮쳤다. 이빨이 내 볼을 찔렀다.

"으아아아악! 좀비! 저리 꺼져!"

나는 발로 좀비 고양이를 걷어찼다.

"뭐라는 거야?"

눈을 떴다. 눈썹이 별로 없는 둥글넓적한 얼굴이 보였다. 누나가 손가락으로 내 얼굴을 쿡쿡 찌르는 중이었다. 그래서 얼굴이 아팠던 거였다.

"내 발가락이 왜 거기에?"

내 엄지발가락이 누나의 콧구멍에 들어가 있었다.

"안 빼? 누나더러 좀비? 빨리 일어나 아침 먹어! 넌 좀비가 아니라 좀벌레야!"

누나는 나 때문에 콧구멍에 무좀이 생길 것 같다며 화장실로 달려가 미친 듯이 씻었다.

멘델은 어떻게 유전을 알아냈을까?

아주 오랜 옛날부터 사람들은 자식이 어떻게 해서 부모를 닮는지 궁금해 했다. 어떤 것이 어떤 방법으로 부모가 가진 특징이 자식에게 전달되는지 사람들은 알고 싶었다. 그걸 알아낸 위대한 학자가 멘델이다.

그레고어 멘델(1822~1884)은 오스트리아의 수도사였다. 멘델은 수도원에 있는 작은 뜰에서 7년 동안 완두콩을 키우면서 일정한 법칙에 따라 유전이 일어난다는 것을 알아냈다. 또한 부모의 특징을 전달해 주는 특별한 어떤 물질이 있다는 것도 알아냈다. 그게 뭐라고? 유전자!

그런데 멘델이 유전의 법칙을 처음 발표했을 때, 사람들은 멘델의 연구를 인정하지 않았다. 멘델이 죽은 지 한참 지난 1900년 이후에 염색체가 발견되면서 멘델을 유전학의 아버지로 높이 평가해 주었다.

멘델은 왜 완두콩을 이용해 실험했을까?

멘델이 완두콩을 이용해 실험한 것은, 완두콩이 유전을 알아내기 좋은 재료였기 때문이다.

부모가 가진 고유한 특성을 자식이 이어받는 것을 연구하려면 한 세대가 짧아야 한다. 태어나서 자라는 기간이 길면 실험을 빨리 할 수가 없다. 완두콩은 기르기 쉽고, 한 세대가 짧아서 다음 자손을 수확할 때까지 오래 기다리지 않아도 된다. 또 완두콩은 유전의 특징이 뚜렷하게 드러난다.

노란 콩과 녹색 콩, 둥근 콩과 주름진 콩을 교배해 수확하고, 그렇게 수확한 콩끼리 또 교배해 수확하고…… 어떤 모양의 완두가 열리는지 계속 교배하면서 비교해서 정확한 결과를 얻어냈다.

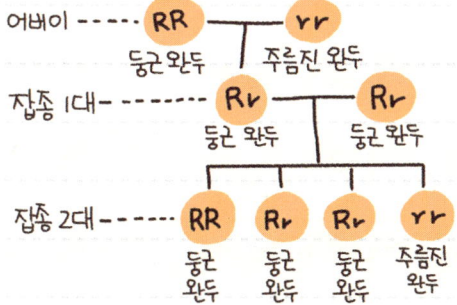

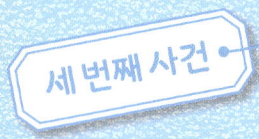

X-인류와 걷는 식물이 등장하다

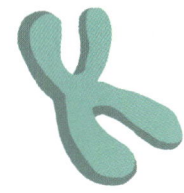

'**죽었던** 그림자가 살아나면서 생명을 먹어 치운다. 죽은 생명과 연결된 산 생명을 조심하라!'

노주코 밤이 전한 미래의 예언을 중얼거렸다. 무슨 뜻인지 짐작조차 할 수 없었다. 왠지 나쁜 일이 점점 다가오는 듯한 불길한 느낌을 지울 수가 없었다.

난 초능력자다. 아니, 초능력자였다. 빨리 잃어버린 초능력을 다시 찾아야 한다. 아침 식탁 앞에서 나는 콧구멍 속의 별똥별을 만졌다.

"엄마, 유식이가 밥상 앞에서 코딱지를 파요. 아직도 콧구멍에서 발냄새가 나는 것 같아. 더러운 녀석!"

내 발가락이 들어갔던 누나의 한쪽 콧구멍이 커 보였다. 누나는 밥맛을 잃었다며 수저를 놓고는 학교로 가 버렸다.

학교로 가는 길에 신호등 앞에 서 있는 희주가 보였다. 얼른 달려갔다.

"희주야, 별일 없었어?"

"무슨 일?"

"혹시 고양이에게 물렸다거나, 사람을 물고 싶어서 견딜 수 없다거나……. 그게 아니면 좀비 같은 거 안 나왔어?"

희주는 샤샤가 좀비로 변하지 않았으니 걱정을 하지 말라고 했다.

"밥을 잘 안 먹는다는 것뿐이야. 공으로 장난치면서 잘 놀고 있어."

학교가 점점 가까워지면서 걱정이 밀려왔다.

'어제처럼 희주가 거짓말쟁이라고 따돌림을 당하면 어떻게 하지?'

그런데 희주는 걱정이 조금도 없는 표정이었다. 오히려 덤빌 테면 덤비라는 듯 당당해 보였다.

다행히 내가 걱정하던 상황은 벌어지지 않았다. 우리 반은 폭탄 세일을 하는 마트처럼 다른 반 아이들로 북적거렸다. 루나가 온 것이다. 아이들은 루나를 에워싸고 스마트폰으로 사진을 찍고 사인을 받으면서 좋아했다. 루나는 방금 무대에서 촬

영하다가 내려온 스타처럼 반짝이는 옷을 입고 화장을 했다.

"나유식! 오랜만이다!"

루나가 나를 알아보고는 손짓을 하며 반갑게 인사했다. 나는 어색해서 대충 고개를 끄덕였다.

에 선생님이 교실로 들어오자 다른 반 아이들이 놀란 메뚜기 떼처럼 빠져나갔다. 루나는 가방에서 두꺼운 스프링 노트 두 권을 꺼내 선생님에게 제출했다. 방학 숙제였다.

에 선생님은 루나의 노트를 한 장씩 펼쳐 보면서 감탄을 터트렸다.

"교사 생활 30년 넘게 했지만, 이렇게 훌륭하고 완벽한 방학 숙제는 처음 보는구나. 해외 촬영을 하고 방송 활동을 하느라 바빴을 텐데 일기를 하루도 빼놓지 않았어. 이 체험 학습 보고서를 보렴. 직접 찍은 사진을 붙이고, 그림을 그려 넣고, 현장에서 얻은 입장권과 안내서까지 알뜰하게 모아 놨구나. 누구랑 비교되네."

몇몇 아이들이 뒷머리를 긁으면서 부러워했다. 초등학교 입학 이후, 한 번도 칭찬받지 못한 나는 저런 칭찬을 받을 때 기분이 어떨지 상상이 안 됐다.

김치곤이 손을 번쩍 들고는 큰소리로 말했다.

"선생님, 어제 책을 읽었는데요. 만약 신이 인간을 만든다면 인간의 모든 장점을 다 집어넣고, 단점은 다 빼 버리고 만든 사람이 루나가 아닐까요?"

루나가 얼굴을 붉혔다. 어떻게 저런 낯뜨거운 말을 아무렇지도 않게 할 수가 있지? 역시 김치곤은 반장할 자격이 충분했다. 반장을 하려면 얼굴이 두꺼워야 했다.

에 선생님이 돌려준 노트를 들고 오다가 루나는 바닥에 떨어뜨렸다. 나는 루나의 노트를 주다가 우연히 보게 됐다. DNA와 염색체, 2중 나선 구조, 세포 분열…… 등 어려운 말과 그림으로 채워진 페이지를 보고 조금 놀라긴 했다. 노트 표지에 하얀색 장미가 활짝 핀 무늬가 있었다.

수업이 끝나고 루나가 다가와서 뭔가를 내밀었다. 선물 상자였다. 반 아이들이 일제히 나를 쳐다봤다.

"이게 뭐야?"

"프랑스에 다녀오면서 가져왔어. 풀어 봐."

상자에 선글라스와 사인을 한 티셔츠가 있었다.

"탄탄소년단의 쇼콜라 오빠가 직접 한 사인이야. 선글라스는 내가 영화를 찍을 때 쓰던 거야."

아이들이 놀라 자빠질 것 같은 소리를 내며 몰려와 우리를

에워쌌다.

"무식이는 우리 반에서 공부 제일 못하는데. 날마다 혼자 청소하는 애야."

김치곤이 끼어들어 왜 나 같은 아이에게 선물을 주냐는 듯이 물었다.

"싱크홀에 빠진 나를 구해 줬잖아. 유식이가 아니었다면 난 이상한 나라의 앨리스처럼 아직도 지구 땅속으로 떨어지고 있을걸."

지난봄, 운동장에 생긴 싱크홀에서 초능력으로 루나를 구해 주었다. 지구의 내부 구조에 관한 과학 원리를 이해하면서 초능력이 생겼다.

"이런 선물, 받을 필요 없……."

내가 선물을 돌려주려고 내밀었을 때 루나가 아니라 공자가 대신 받았다.

"필요 없으면 나 줘."

루나의 스마트폰이 계속 울렸다. 루나는 매니저가 밖에서 기다린다면서 서둘러 뛰어갔다.

"너무식, 우리의 천사 루나랑 무슨 사이야?"

루나가 사라지자 김치곤을 비롯한 자칭 루나 경호대(아무도 안 시켰지만 스스로 알아서 하는)가 나섰다. 나는 아무 사이도 아니라고 했다. 김치곤은 변명을 늘어놓지 말라고 엄포를 놨다.

"우리 허락 없이 루나한테 접근하지 마."

루나 경호대는 눈에서 레이저가 나올 듯이 나를 쏘아봤다. 난 아무것도 안 했는데, 루나 때문에 아이들에게 따돌림을 받게 생겼다. 공자는 쇼콜라의 사인이 적힌 티셔츠를 끙끙거리며 입더니 선글라스를 썼다.

"뚜둑!"

선글라스 다리가 부러지는 소리가 났다.

"히익! 내가 그런 게 아니야. 원래 부러져 있었나 봐. 내 머리가 그렇게 클 리 없잖아."

공자의 얼굴이 종잇장처럼 하얗게 변했다.

"부우욱!"

이번엔 티셔츠가 찢어지는 소리가 났다.

"내가 그런 게 아닌 거…… 알지? 내가 이렇게 뚱뚱할 리가 없잖아."

공자는 쓰레기가 된 선물을 내 양손에 쥐여 주고는 도망치듯 사라졌다.

역시 오늘도 혼자 남았다. 텅 빈 교실에 남아 청소를 했다.

번쩍, 하고 뭔가 뇌 속에서 번개가 쳤다. 또 번쩍!

그건 루나의 공책에서 본 그림이었다. 콧구멍 속에서 별똥별이 후끈 달아올랐다.

초능력이 온다!

나는 분필을 들고 칠판에 그림을 그리기 시작했다.

"유식아, 보이니?"

아인슈타인 박사의 목소리가 들렸다.

"네! 지금까지 잘 이해가 되지 않았던 것들이 또렷하게 보이

기 시작해요!"

"그림에서 5가지를 찾아봐. 세포, 염색체, 염색사, DNA, 유전자."

"세포 안에 핵이 있어요. 핵 안에 염색체가 있어요."

"염색체는 염색사가 변해서 된 거야. DNA는 어디에 있지?"

"염색체 안에 DNA가 있어요."

"그래, DNA는 모든 유전 정보를 담은 분자야. 유전자는 어디에 있을까?"

"유전자는 DNA에 있어요. DNA의 한 부분이 유전자니까요."

"DNA의 모양을 살펴봐. 어떻게 생겼지?"

"사다리가 뒤틀린 모양 같이 생겼어요."

"그래, 그래서 DNA를 2중 나선 구조라고 부르는 거야."

"유식아, 청소 안 하고 낙서하면 안 돼. 얼른 마치고 집에 가야지."

복도에서 에 선생님의 목소리가 들려왔다. 에 선생님이 볼까 봐 칠판을 얼른 지우고 다시 빗자루를 잡았다. 평소보다 더 오래 청소 시간이 걸렸다. 조금만 더 했으면 초능력이 나왔을 텐데, 안타까웠다.

초능력자의 과학수첩

염색체의 개수가 많은 생명체가 더 뛰어날까?

염색체는 생물에 따라 달라. 토마토는 24개의 염색체를 갖고 있고, 침팬지는 48개, 사람은 46개를 갖고 있어. 염색체가 많다고 해서 우월한 생명은 아니야. 소는 사람보다 훨씬 많은 60개의 염색체를 갖고 있지.

집에 가는 길에 희주에게 문자 메시지를 보내 공원에서 만나기로 했다. 커다란 플라타너스 나무 밑 벤치에서 희주는 샤샤를 안고 있었다. 나는 어젯밤 나를 공격한 좀비 고양이가 떠올라서 샤샤가 약간 무서웠다. 내가 경계하는 걸 느꼈는지 샤샤는 발톱을 세우며 캬르릉거렸다. 희주가 알록달록 여러 색깔로 된 젤리를 줘서 맛있게 씹었다.

"유식아, 색깔이 변했어!"

"무슨 색깔?"

"네 몸이 젤리 색깔이 됐어!"

내 몸을 내려다 봤다. 정말로 빨간 젤리를 씹으면 빨간색으로, 파란 젤리를 씹으면 파란색으로 몸 색깔이 변했다.

"그거 초능력 맞아? 무슨 초능력이 그래?"

"이…… 이건 아무래도 염색 초능력인가 봐. 내가 염색체에 관해 공부했더니 내 세포 속의 염색체들이 염색되나 봐."

똥색 젤리를 먹었을 때 내 몸은 거대한 똥 같았다. 주황색, 보라색, 검은색, 무지개색……. 내 몸 색깔이 바뀔 때마다 샤샤는 놀라서 눈을 휘둥그레 뜨며 "하악하악!"하고 소리를 질렀다. 이러다가 샤샤가 발톱을 세우고 공격할 것 같았다.

나는 내 피부 색깔과 비슷한 젤리를 먹고서야 차츰 원래대로 돌아왔다.

"이 초능력을 어디에 써먹지?"

참 쓸데없는 초능력 같았다.

그때 검은색 자동차가 스르륵 우리 앞에 멈췄다. 창문이 열리더니 선글라스를 쓴 누군가 얼굴을 내밀었다.

"라니! 왜 여기 있니?"

선글라스를 쓴 사람은 루나였다. 루나는 샤샤를 향해 계속 라니라고 불렀다.

"이 고양이 이름이 라니야?"

내가 물었다.

"확실해. 노란색과 파란색 눈동자, 발찌를 찬 것 같은 왼쪽 발목 무늬. 유전 공학 연구소에 있던 고양이잖아."

루나는 샤샤를 품에 안고 쓰다듬었다. 희주와 나는 의아해서 서로 바라봤다.

"얘는 샤샤야. 새끼 때부터 내가 키웠어."

루나가 깜짝 놀란 표정을 지었다. 당황했는지 무슨 말을 하려고 입술을 달싹거리다가 그만두었다.

"루나, 방금 유전 공학 연구소라고 했니? 샤샤가 유전 공학 연구소에 있었어?"

내가 묻자 루나는 희주에게 고양이를 다시 돌려줬다.

"아니야. 내가 착각했어. 잘못 봤나 봐."

루나는 냉정하게 표정을 바꾸고 차에 타려고 돌아섰다.

"루나, 얘기해 줘. 넌 뭔가를 알고 있는 것 같아. 우리는 샤샤의 과거가 궁금해. 어제 무덤에도 갔다 왔단 말이야. 사실대로 말해 줘."

나는 루나의 손목을 잡았다.

루나가 화가 난 얼굴로 놓으라며 소리를 질렀다. 평소 같지 않았다. 나와 희주는 놀라서 멈칫했다.

루나는 급히 차에 올라타려다가 잘못해서 자동차 문에 선글라스가 걸려 벗겨졌다.

"앗!"

나도 모르게 숨을 토해 냈다.

"저리 가! 고개 돌려!"

차 안에서 매니저가 튀어나오며 날카롭게 소리쳤다. 우리는 겁을 먹고 뒤로 물러났다. 루나는 차를 타고 인사도 없이 급히 떠났다.

"왜 저렇게 당황하고 화를 내지? 평소 루나 같지 않은 태도야."

희주는 고개를 갸웃거렸다.

루나의 눈동자와 피부 색깔이 너무나 이상했다. 눈동자는 빨갰고, 피부는 상한 채소처럼 짙은 초록빛이 감돌았다.

우리는 멀리 떠나는 루나의 차를 바라보며 의심스러운 느낌을 지울 수 없었다.

"노벨상이다! 우리나라 최초로 노벨 과학상을 받을 것 같아!"

엄마가 주방에서 저녁을 차릴 때 아빠가 헐레벌떡 뛰어 들어왔다.

"누가요? 아빠가요?"

"당신! 혹시 우리와 했던 약속을 깬 거야?"

엄마는 창문 너머로 마당을 살펴봤다. 마당에 파묻은 고대 인류의 섬에 대한 자료를 아빠가 파내서 과학계에 보고한 게 아닌지 엄마는 의심했다.

"아니야. 아니라니까. 난 약속은 지켜. 유식아, 텔레비전을 켜 봐."

많은 사람이 누군가를 기다리는 현장이 실시간으로 방송됐다. 마이크를 든 기자가 카메라 앞에 섰다.

"우리나라 최초로 노벨 과학상 수상자가 나오는 걸까요? 천재 과학자로 명성이 높은 하마리 박사가 올해 노벨 과학상 후보에 올랐다는 소식이 전해지면서 국내 과학계가 들썩이고 있습니다."

"하마리 박사가 누구예요?"

엄마가 손을 닦으며 텔레비전 앞에 앉았다. 방에서 공부하던 누나도 나왔다.

"하마리 박사라면 유전 공학 분야에서 엄청난 성과를 낸 과학자로 유명하지. 전 세계가 하마리 박사의 연구에 주목하고 있어. 유전 공학의 전체 패러다임을 바꿀 과학자로 인정 받을 정도야."

잠시 후 플래시가 펑펑 터지기 시작했다. 하마리 박사가 무대에 등장했다.

"저분이 하마리 박사?"

내가 평소에 상상하던 천재 과학자의 모습과는 조금 거리가 있었다. 엄마보다 나이가 어려 보일 만큼 젊은 여성이었다. 빨간 뿔테 안경을 쓰고, 긴 생머리를 묶었다. 영화에서 방금 나온 것처럼 우아하고 아름다운 느낌을 풍겼다.

"제가 이 자리에 선 것은 최근 완성한 유전 공학의 결정체를 선보이기 위해서입니다."

하마리 박사는 진지한 목소리로 입을 열었다. 수많은 사람 앞이지만 조금도 긴장하지 않아서 더욱 전문가다웠다. 하마리 박사 뒤쪽의 화면으로 동영상이 나왔다. 침팬지가 책상에 앉아 연필을 쥐고 뭔가를 쓰고 있었다.

"418호 실험체인 이 침팬지의 이름은 왓슨입니다. DNA의 구조를 알아낸 과학자 제임스 왓슨을 기리기 위해 이름을 따왔습니다. 왓슨은 두 가지 비밀이 있습니다. 놀라지 마십시오. 이 침팬지는 유전자 편집으로 태어났습니다. 왓슨에게 사용된 과학은 유전자 가위 기술인 크리스퍼-캐스9입니다. 크리스퍼-캐스9은 특정 질병에 면역력을 갖도록 유전자를 교정하는 기술입니다."

"잠시만요! 질병에 면역력을 가졌다면 질병에 걸리지 않는다는 뜻인가요?"

제일 앞에 있던 기자가 물었다. 하마리 박사는 가볍게 고개를 끄덕였다.

"그렇다면 어떤 질병에 걸리지 않는다는 뜻입니까?"

"암, 루게릭병, 파킨슨병입니다."

"와아!"하는 감탄과 함께 일제히 박수가 쏟아졌다.

"사실이야? 정말 그게 가능하단 말이야?"

아빠가 펄쩍 뛰었다.

엄마는 현대 의학 기술로 고칠 수 없는 대표적인 난치병 세 가지가 암, 루게릭병, 파킨슨병이라고 했다.

"인류 역사상 어떤 의사도 고치지 못한 질병을 한국의 젊은 박사가 유전자 조작으로 없애 버릴 수 있다고 발표한 거야. 이건 인류 역사에 길이 남을 만큼 위대한 업적이야!"

하마리 박사는 기자들을 둘러보며 말을 이었다.

"머지않아 인류는 난치병의 두려움에서 해방될 것입니다. 난치병뿐이 아닙니다. 모든 질병에 면역력을 갖도록 연구하겠습니다. 암도, 심장병도, 코로나도, 심지어 가벼운 감기마저도 걸리지 않는 특수한 면역 유전자를 개발할 것입니다."

하아, 하고 아빠와 엄마의 입에서 동시에 감탄사가 터졌다. 머릿속에서 잠자던 아인슈타인 박사마저 놀라서 소리질렀다.

"아까 침팬지 왓슨이 두 가지 비밀이 있다고 하셨잖습니까? 두 번째 비밀은 무엇입니까?"

기자의 질문에 하마리 박사는 화면에 그래프를 띄워 보여 줬다. 그것은 지능 지수 테스트 결과였다.

침팬지 왓슨이 연필을 쥐고 푸는 문제가 크게 확대됐다. 그것은 매우 어려운 수준의 수학 문제였다. 그런데 왓슨은 거침없이 글자를 써 내려갔다. 사람보다 더 빠른 속도로 문제를 풀어 갔다.

"침팬지가 이차 방정식 문제를 풀어? 쟤가 중근을 알아? 말도 안 돼! 이거 몰래 카메라 아냐?"

누나는 발을 구르며 성질을 버럭 냈다. 나는 손도 못 댈 만큼 어려운 문제로 보였다.

"음…… 좀 하긴 하네."

아인슈타인 박사도 앓는 소리를 냈다.

잠시 후 아인슈타인이 소리를 지를 만큼 충격적인 말이 하마리 박사의 입에서 나왔다.

"여러분, 상대성 이론을 만든 천재 물리학자 알베르트 아인슈타인 아시지요? 아인슈타인의 지능 지수가 얼마인지 아십니까? 160입니다. 침팬지 왓슨의 지능 지수를 보세요."

화면에 나타난 그래프가 쑥쑥 올라가더니 아인슈타인의 지능 지수를 넘어섰다.

"왓슨의 지능 지수는 162입니다. 멘사 IQ 테스트에서 아인슈타인을 능가했어요! 지금 왓슨은 중학교 수준의 문제를 풀

고 있지만, 일 년 안에 대학교 입학 수준의 문제를 풀어낼 것입니다. 왓슨은 인간과 같은 성대가 없어서 말은 못하지만, 수화로 인간과 대화를 할 수 있습니다."

왓슨이 수화를 하자 왓슨의 손과 연결된 컴퓨터에서 스피커로 말이 나왔다.

"안녕하세요. 저는 왓슨입니다. 제 꿈은 우주에 가는 것입니다. 저, 잘 생겼지요?"

왓슨은 화면을 향해 잇몸을 드러내며 웃었다.

"왓슨을 만든 유전 공학 기술은 제가 개발해 낸 크리스퍼-

캐스9 유전자 가위 기술입니다. 저는 앞으로 왓슨에게 인간의 성대 유전자를 이식하는 실험을 할 것입니다. 실험이 성공하면 왓슨과 같은 침팬지들은 인간과 자유롭게 대화할 수 있을 것입니다."

하마리 박사에게 플래시 세례가 쏟아졌다.

"맙소사!"

"어머나!"

아빠는 얼마 남지 않은 머리카락을 쥐어뜯었고, 엄마는 가장 아끼는 그릇을 떨어뜨렸다. 누나는 잔뜩 화가 난 얼굴로 입을 꾹 다물었다.

기자 한 명이 마이크를 들고 질문했다.

"앞으로 하마리 박사님의 연구 계획은 어떤 것입니까?"

하마리 박사는 자신감이 넘치는 얼굴로 눈 한 번 깜박하지 않은 채 대답했다.

"X-인류입니다!"

갑자기 기자 회견장이 웅성거렸다.

"저는 크리스퍼-캐스9 유전자 가위를 이용해 현재의 인간보다 더 진화되고 발달한 새로운 인류를 만들려고 합니다. 앞으로 부모는 자신들이 원하는 방향으로 자식의 지능 지수와

외모와 운동 능력과 면역성을 갖춘 아기를 가질 것입니다. 이렇게 태어난 아기는 현재 인류와는 다르게 진화한 X-인류가 될 것입니다!"

"앞으로 맞춤 아기가 가능해진다는 소리일까?"

엄마가 미간을 찌푸리며 걱정스러운 표정을 지었다.

"맞춤 아기요? 맞춤 양복은 들어봤는데 아기도 맞추나요?"

"이 세상에 단 한 벌밖에 없는 자신이 원하는 양복을 맞추듯이 자신이 원하는 아기를 만드는 거야. 유전자를 조작해서 단점과 문제점은 없애고, 장점과 뛰어난 재능만 가진 아기를 낳는 거지."

"하마리 박사 말대로라면 앞으로 태어날 아기들은 모두 뛰어난 외모와 놀라운 재능과 아인슈타인보다 높은 지능을 가진 아기일 거 아니야?"

아빠는 항복한다는 듯 두 팔을 번쩍 들었다.

"우리가 노벨 과학상을 포기한 건 현명한 선택 같아요. 저 천재 과학자와 경쟁해선 이길 수 없었을 거예요."

내 의견에 아무도 반대하지 않았다.

왓슨의 행동을 관찰하다가 나는 다윈 왕이 떠올랐다. 고대 인류의 섬에서 데니소바인을 지배하던 침팬지 왕. X-인류 유전자를 가졌다는 왓슨과 다윈 왕의 얼굴이 겹쳐 보였다.

다윈 왕은 아인슈타인의 뇌 조각을 수술 받아서 지능이 178이라고 했다. 아인슈타인 박사보다도 더 뛰어난 지능이었다.

'현생 인류를 멸종시키고 새로운 인류가 지구를 지배하게 할 거야!'

다윈 왕의 말이 여전히 생생하게 머릿속 한 곳에서 메아리쳤다. 소름이 오싹 돋았다.

왓슨과 다윈 왕은 공통점이 많았다. 첫째, 실험실에서 만들어진 침팬지의 모습이라는 것. 둘째, 인류 최고의 지능을 가졌다는 것. 그리고 셋째, 현재 인류가 아닌 새로운 인류가 지구에 살게 하겠다는 것…….

  발표를 마친 하마리 박사는 손을 흔들면서 취재 현장을 빠져나갔다.

  우리 가족은 잠시 조용해졌다. 너무 충격을 받은 탓일 수도 있고, 앞으로 다가올 세상이 어떻게 변할지 두려운 탓일 수도 있었다. 아빠는 팔짱을 낀 채 한숨을 쉬었고, 엄마는 멍하니 창밖을 바라봤고, 누나는 친구들에게 문자 메시지를 보내느라 손가락이 춤을 췄다.

  "아빠, 엄마, 지금 시험 공부가 중요하지 않아요. 잘못하면 침팬지들과 대학 입시를 경쟁하게 생겼어요. 저는 결심했어요. 침팬지들의 대학 입학 결사 반대 단체를 조직하기로요!"

  누나가 투사 같은 몸짓으로 한 손을 들고 외쳤다.

초능력자의 과학일기

유전자 가위 기술이 뭘까?

과학자들은 유전병을 치료하려고 오래 전부터 DNA를 분석했다. 잘못된 부분을 찾아내서 잘라내는 기술이 '유전자 가위 기술'이다.

<유전자 가위 기술 사용법>

1. DNA 샘플을 채취해서 기계 안에 넣어서 유전자의 구조를 파악한다.
2. 교정하고 싶은 유전자의 구조를 알아낸다.
3. 교정을 원하는 부분을 잘라내거나 대체할 수 있는 효소를 투입한다.
4. 투입된 효소가 특정 부분에서 가위의 역할을 한다.
5. 비정상적인 유전자 또는 유전병을 일으키는 변형된 DNA가 교정되면서 정상적인 유전자로 바뀐다.

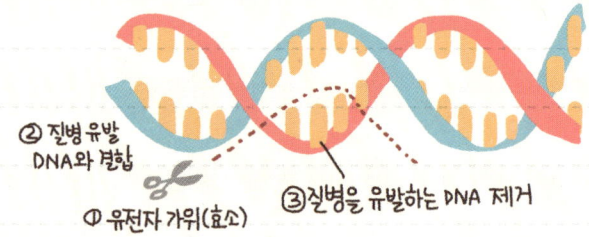

② 질병 유발 DNA와 결합
① 유전자 가위(효소)
③ 질병을 유발하는 DNA 제거

남성과 여성의 염색체는 어떻게 다를까?

사람의 세포핵 속에는 46개의 염색체가 들어있어. 2개씩 짝을 이루어 23쌍의 염색체가 있다.

그중에서 22쌍은 우리 몸의 특징들을 결정한다. 나머지 1쌍은 남성인지 여성인지 결정한다. 남성인지, 여성인지 결정하는 1쌍의 염색체를 성염색체라고 부른다.

여성을 표시할 때는 XX, 남성을 표시할 때는 XY로 나타낸다. 왜냐하면 여성은 염색체 모양이 똑같이 생겼다. 남성은 염색체가 서로 다른 모양을 갖고 있다.

```
)( ))  )(         )( )(
 1  2   3          4  5

((  ))  ((  ))  ((  ))  )(
 6   7   8   9  10  11  12

八 八 ))         )) X ))
13 14 15         16 17 18

''  ''  ''  ''   )(      ))
19  20  21  22  XY(남성) XX(여성)
```

네 번째 사건

유전자 조작 생물원에 가다

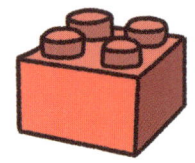

"유식아, 하마리 박사에 대해 더 자세히 알고 싶구나."

아인슈타인 박사는 인터넷으로 하마리 박사의 모든 것을 검색해 보자고 했다.

유명인답게 수많은 자료가 검색됐다. 그중 하마리 박사의 연구 업적을 집중적으로 살펴봤다.

"대단하군. 내가 살던 시대에서는 상상조차 할 수 없던 일들이 지금 일어나고 있어!"

아인슈타인 박사는 계속 감탄을 터트렸다.

자신이 살았던 20세기는 물리학의 시대라고 했다. 그런데 21세기는 유전 공학의 시대로 변화되었다고 했다.

"지금까지 저는 식물은 식물, 동물은 동물인 줄 알았어요. 그런데 유전 공학은 식물과 동물이 하나로 결합해서 새로운

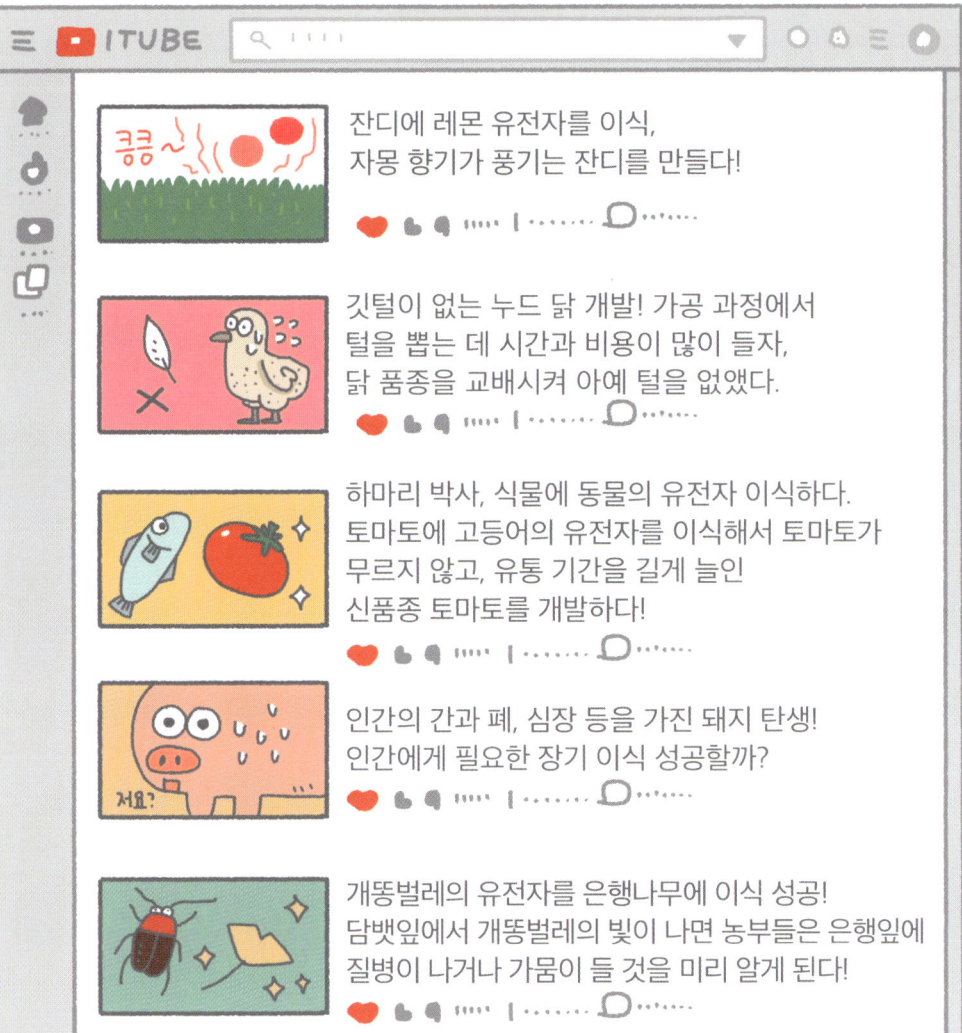

생명체를 만들어 내요."

"그래. 인간의 과학은 과거와는 완전히 다른 세계의 영역에 발을 디딘 거야. 고등어는 낮은 수온에서 몸이 잘 얼지 않는 특성이 있지. 토마토는 금방 물러져서 맛이 변하고 썩어 버리지. 만약 토마토를 고등어처럼 만든다면?"

"고등어 토마토는 상상이 잘 안 되는 걸요?"

"토마토가 고등어처럼 낮은 온도를 가져서 잘 썩지 않고 오래 가겠지."

"아! 단점이 되는 유전자는 없애고 장점인 유전자를 넣는 거군요!"

나는 유전 공학이 레고 블록 같았다. 레고 블록을 맞추듯이 동물과 식물을 서로 맞춰서 지금까지는 없었던 새로운 생명체를 만들어 내는 것 같았다.

"만약 사람의 유전자에 식물이나 다른 동물 유전자를 넣으면 어떻게 되는 거지요?"

사람의 머리에서 광합성을 받아 딸기가 자라고, 팔에서 전기뱀장어처럼 전기가 나와 어디서든 전기를 쓸 수 있지 않을까? 또는 몸은 거대한 코끼리, 팔은 오징어처럼 열 개, 다리는 거침없이 달릴 수 있는 말인 사람이 나오지 않을까?

"……."

"왜 아무 말씀이 없으세요?"

"……."

"혹시 또 주무시는 건 아니지요?"

"……흐음. 나도 뭐라고 답변할지 모르겠구나. 유전자 조작

> **초능력자의 과학수첩**
>
> ## 유전자 조작은 위험할까?
>
> 20세기는 물리학의 시대이고, 21세기는 생명 공학의 시대라고 말해. 그만큼 사람과 동물, 식물의 유전자 연구가 활발히 이루어지고 있어.
>
> 사람이나 동식물의 특성을 나타내는 유전자 구조가 밝혀지면서 유전 과학자들은 새로운 시도를 많이 하고 있어. 유전 공학 기술을 이용하면 사람이나 자연을 살릴 수 있다고 믿지. 그러나 반대하는 사람들도 적지 않아. 사람은 신이 아니므로 다른 생명체의 유전자를 바꾸면 안 된다는 의견이야.
>
> 유전 공학은 암 유전자를 분석해서, 유전자에 어떤 변화가 생겨서 사람이 암에 걸렸는지 알아내기도 해. 암 유전자만을 골라내서 없애는 방법을 찾는 거야.
>
> 2억 5천만 년 전의 호박 화석 속에 있던 파리와 곤충의 유전자를 분석해서 어떻게 진화해 왔는지 밝혀 냈어. 또 멸종 동물들을 유전자 복원 기술을 이용해 다시 살려 내기도 해.

은 인류를 구원할 수 있겠지만, 반대로 인류를 혼돈의 도가니에 빠트릴 수 있어."

"이럴 때 노주코 밤이 있으면 좋겠어요. 미래에 어떤 예언을 하지 않을까요?"

"그래, 우리는 지구를 멸망시킬 위험에서 인류를 구해야 할 임무를 잊지 말아야 해. 그래서 우리를 도와줄 마법의 소라고둥을 찾아 머나먼 대서양의 트리타 섬까지 가지 않았니?"

아인슈타인 박사는 노주코 밤이라면 우리가 무엇을 해야 할지 알려 줄 것이라고 했다. 나는 혹시 노주코 밤에게서 또 이메일이 오지 않았는지 인터넷으로 확인했다.

앗, 이틀 전에 온 이메일을 내가 모르고 있었다.

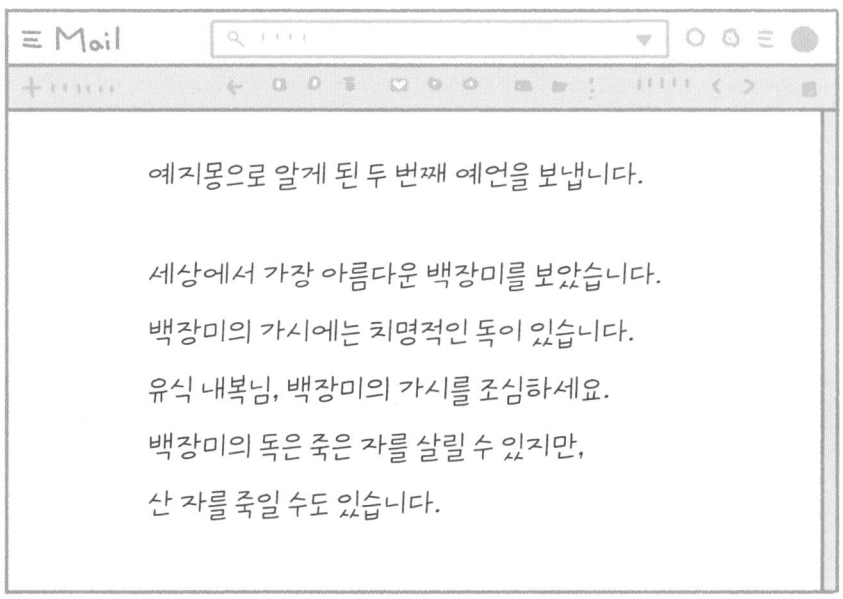

예지몽으로 알게 된 두 번째 예언을 보냅니다.

세상에서 가장 아름다운 백장미를 보았습니다.
백장미의 가시에는 치명적인 독이 있습니다.
유식 내복님, 백장미의 가시를 조심하세요.
백장미의 독은 죽은 자를 살릴 수 있지만,
산 자를 죽일 수도 있습니다.

"무슨 말일까요? 지난번에는 죽은 생명과 연결된 산 생명을 조심하라더니, 이번에는 뜬금없이 백장미의 가시를 조심하라니요?"

"상대성 이론보다 더 어렵군. 예언을 알아내려면 운명에서 도망치지 말고 부딪쳐 봐야 해."

나는 백장미를 최근에 어디선가 본 것 같았지만, 도대체 기억이 나지 않았다. 이틀 전에 노주코 밤의 메일을 읽었다면 주의를 기울여 기억했을 것이다.

"유전 공학으로 만들어진 생명체를 직접 보고 싶지 않으냐?"

나는 궁금하긴 한데, 징그럽거나 무섭지는 않을지 걱정이 된다고 솔직하게 말했다.

"후후, 네가 오늘 저녁에 먹은 연어가 유전 공학으로 만든 물고기라는 걸 모르는구나."

나는 웩, 하고 토할 것처럼 시늉했다. 특별히 이상하게 생기지 않은 연어였다. 가격이 싸고 커서 온 가족이 배부르게 먹을 수 있었다.

"네가 먹은 물고기는 연어의 유전자에 장어의 유전자를 넣어서 만든 신종 연어지. 일반 연어보다 두 배 이상 빨리 자라는 연어로 유전자를 조작해 만든 거야."

바나나, 옥수수, 콩, 카놀라 식용유, 파파야, 감자, 사과, 사탕수수, 호박, 사탕무, 알팔파……. 사람들이 자신도 모르게 유전 공학으로 만든 식품을 먹는 걸 알게 됐다.

아인슈타인 박사는 유전 공학으로 만든 생명체를 직접 관찰하고 싶다고 했다. 그리고 하마리 박사도 만날 기회를 잡아야겠다고 덧붙였다.

"지금은 대통령보다 하마리 박사를 만나는 게 더 어려울 걸요?"

밤에 내가 잠을 자는 동안, 아인슈타인 박사는 혼자 깨어나 인터넷으로 슈퍼컴퓨터와 연결해서 고급 정보를 찾았다. 다음 날 아침, 내 눈동자는 충혈돼 있었다.

"이번 주 토요일에 하마리의 유전자 연구소가 시민에게 개방돼. 저녁 8시 20분에 자몽 잔디밭에 도착하도록 해라."

아인슈타인 박사는 하마리의 유전자 연구소에 가면 초능력을 일으킬 과학 원리를 알아낼지 모른다고 했다. 그러면서 어떻게 구했는지 초대권 4장을 컴퓨터 바탕화면에 저장해 놓았다.

나는 초대권과 안내장을 모두 프린트해서 부모님에게 보여

드렸다.

"당연히 가야지. 우리 가족은 사이언스 패밀리잖아. 유식이와 유나가 미래에 노벨상을 받을지도 모르는데, 꼭 가 봐야지."

사실, 내 별명은 너무식, 너꼴등인데, 내가 똑똑하다고 믿는 건 이 세상에 우리 엄마밖에 없다.

토요일 오후, 우리 가족은 유전자 테마파크에 도착했다. 그곳은 그동안 하마리 박사가 만들어 낸 유전자 조작 동물과 식물로 공원을 만든 곳이었다.

테마파크 입구에 거대한 침팬지 조형물이 세워져 있었다. 지능 지수 162의 왓슨이었다. 깊고 둥근 눈은 세상 모든 걸 빨아드릴 것 같았다. '인간의 일을 제가 대신해 드릴게요!'라는 글이 쓰여 있었다. 너무나 커서 킹콩처럼 보였다.

"침팬지는 물러가라! 대학 입학은 결사 반대!"

누나가 외쳤다. 아무도 관심을 주지 않았다.

우리나라 사람뿐 아니라 외국에서 온 초청객들이 많아서 입구는 몹시 붐볐다. 우리는 한 시간 넘게 기다려 간신히 테마파크로 들어갈 수 있었다.

"와아아!"

입구에서부터 우리 가족은 감탄이 터져 나올 수밖에 없었다. 지금까지 본 적이 없는 아름다운 꽃밭이 끝없이 펼쳐졌다.

"처음 보는 꽃이야. 백합을 닮았는데 색깔은 검은색이야. 장미 비슷한 꽃, 국화 비슷한 꽃도 있어."

꽃에 대해 잘 아는 엄마는 신기해서 입이 다물어지지 않았다. 그런데 더 놀라운 광경이 벌어졌다. 음악 소리에 맞춰 꽃잎의 색깔이 변했다. 마치 옷을 갈아입는 것 같았다.

누나가 향기를 맡으려고 코를 갖다 대려는 순간, 덥석 날카로운 이빨처럼 생긴 꽃잎을 다물었다.

"식충 식물이었어! 으잇, 징그러워!"

꽃에 대한 설명이 스피커를 통해 안내 방송으로 나왔다.

"이 꽃밭에는 모기와 파리, 해충이 없습니다. 나쁜 해충을 잡아먹는 식충 식물의 유전자를 조합한 꽃들입니다."

안내판을 보고 우리는 유전자 동물원으로 향했다. 고개를 돌릴 때마다 신기하고 놀라운 동물로 가득했다.

"우와악! 이거 토끼 맞아?"

황소만 한 토끼가 코를 벌름대며 엄청나게 많은 풀을 씹어 먹었다.

"저 햄스터 봐! 저렇게 귀여울 수가!"

"유식아, 햄스터가 아니야. 돼지를 작게 만든 거야."

"까아아악! 귀여워! 미니 양들, 미니 젖소들!"

다람쥐만큼 작은 양 떼와 젖소들이 작은 풀밭을 넓은 들판처럼 뛰어다녔다.

"이 정도로 작은 미니 동물이라면 우리 집 마당에 농장을 만들 수도 있겠군."

아빠는 경이롭다는 표정이었다.

동물원을 지나 유전자 식물원에 도착했다. 내 눈길을 끄는 것은 특이한 열매가 열린 나무였다.

"이 열매에서 왜 고기 냄새가 나는 걸까요? 꿀꺽."

배가 고팠던 우리 가족 모두 침을 삼키면서 열매를 살펴봤다. 돼지고기, 닭고기, 소고기가 열린 나무들이었다. 어떤 열매의 모양은 닭 다리와 비슷해서 언뜻 보면 속을 정도였다.

"저기에 시식 코너가 있어요."

우리 가족은 시식하는 게 아니라 식사를 했다. 고기를 불판에 익히듯이 열매를 잘라 불판에 익히면 진짜 고기와 맛이 거의 비슷했다.

"아빠, 내가 등심을 더 따올까요?"

"안심이 좋더라. 부챗살도 따 와라."

고기 열매를 많이 따다가 관리자에게 눈총을 받고 식물원을 나와야 했다.

어느덧 해가 저물어 저녁이 되었다. 어둠이 내리자 테마파크 안에서 또 한 번 신기한 일이 벌어졌다. 가로등이 없는데도 거리가 환하게 밝았다.

"가로수에 반딧불이 잔뜩 붙어 있어요."

"반딧불이 아니야. 가로수 자체가 반짝반짝 빛나는 거야."

가로수들이 형광 빛을 내면서 거리를 밝혀 주었다. 스피커

에선 개똥벌레 유전자를 넣은 가로수가 가로등 역할을 대신한다는 안내가 나왔다.

"가로등에 전기를 안 써서 친환경 에너지가 되겠구나."

아빠의 말에 엄마는 부작용을 지적했다.

"가로등은 사람 마음대로 끄고 켤 수 있지만, 빛이 나는 가

초능력자의 과학수첩

반딧불을 넣은 가로수를 어떻게 만들었을까?

도시에서는 저녁이 되면 가로등에 불이 들어와서 낮처럼 환하게 비추잖아. 가로등 불을 밝히기 위해 많은 전기가 필요해. 만약 빛을 내는 나무가 있다면 가로등이 없어도 나무 주변은 어둡지 않을 거야.

얼마 전 정말로 반짝반짝 빛을 내는 나무를 개발하기 시작했어. 이 나무의 몸에는 반딧불의 특별한 유전자가 있어.

빛을 내는 나무는 자연 생태에서는 나올 수 없는 생명체야. 이 나무가 반딧불처럼 빛을 낼 수 있는 것은 유전자 조작으로 만들어진 GMO 나무이기 때문이지. 나무의 유전자에 반딧불의 발광 효소 유전자를 이식시켜 새로운 종을 개발하는 거야. 나무는 낮 동안 광합성을 통해 에너지를 모아서 밤에는 빛을 내는 데 사용해.

로수는 그렇게 할 수 없잖아요. 또 숲에서 빛이 계속 나면 야행성 동물이나 식물에 피해를 줄 수 있어요. 오히려 환경을 오염시키는 주범이 된다고요."

엄마의 말에도 충분히 일리가 있었다.

초능력자의 과학수첩

유전자 조작 가로수는 어떤 문제점이 있을까?

'발광 식물 프로젝트'로 알려진 이 연구는 나무뿐 아니라 집에서 키우는 여러 종류의 식물에도 유전자 조작을 하고 있어. 빛을 내는 장미나 백합처럼 말이야. 사람들은 발광 식물 프로젝트가 신기해서 개발비를 지원하기도 했어. 하지만 어떤 과학자들은 발광 프로젝트가 또 다른 문제점이 생기지 않을까 걱정해. 식물은 낮에 햇빛을 받으며 광합성을 하고, 밤에는 호흡 활동을 하며 쉬어.

그런데 주변이 환해지면 다른 식물이 제대로 자라지 못할 수 있어. 빛 때문에 빛 공해가 생길 수도 있지.

여러 문제점이 지적되고 있지만, 유전자 조작을 이용한 연구는 여러 방면에서 다양하게 이루어지고 있어. 앞으로 어떤 새롭고 신기한 생물이 나타날지 예측할 수 없는 상태야.

나는 시계탑을 바라봤다. 어느새 저녁 8시가 넘어서고 있었다. 아인슈타인 박사가 말한 대로 8시 20분까지 자몽 잔디밭에 도착해야 했다. 바람을 타고 은은하게 자몽 향이 풍겼다. 나는 가족에게 잔디밭에 앉아 쉬자고 했다.

자몽 잔디밭은 잔디에 자몽의 유전자를 넣어서 상쾌하고 새콤한 향이 났다. 엄마는 다른 세상에 온 것 같다고 했고, 아빠는 유전 공학이 제4의 산업 혁명을 일으킨다는 게 바로 이런 것이라며 계속 감탄했다.

주변에는 우리 외에는 없었다. 아인슈타인 박사는 왜 8시 20분까지 이곳에 도착해야 한다고 했을까? 화장실을 다녀오다가 어디선가 달콤한 복숭아 향기를 맡았다. 나는 복숭아를 아주 좋아한다. 주변을 둘러봤지만, 복숭아나 복숭아나무는 없었다.

마스크를 하고 가운을 입은 연구원들 몇 명이 어떤 식물을 관찰했다. 그 뒤로 방송국에서 카메라를 들고 따라다니며 촬영했다. 나는 호기심이 생겨 카메라맨의 어깨너머로 식물을 봤다. 그 식물은 내가 제일 싫어하는 오이였다. 연구원 한 명이 오이를 따서 맛보라고 내게 주었다. 나는 고개를 저었다. 오이라면 오이 비누도 싫다. 그런데 오이에서 복숭아 향이 났

다. 속는 셈 치고 오이를 조금 씹었다. 복숭아 맛이었다.

뒤따라온 우리 가족이 오이를 받아 씹었다. 모두 신기해 했다. 이런 오이라면 얼마든지 먹을 수 있을 것 같았다.

"어떻게 이렇게 새로운 생명을 만들어 낼 수가 있지요? 하마리 박사라는 분은 사람이 아니라 신인 것 같아요."

연구원들이 마스크를 벗었다. 우리는 눈이 휘둥그레졌다.

"하마리 박사님?!"

연구원 가운데 한 명이 대통령보다 만나기 어렵다는 하마리 박사였다. 방송국 피디 같은 분이 텔레비전 촬영을 위해 방문객과 자연스럽게 만나는 자리를 만들었다고 했다. 아인슈타인 박사가 이 자리에 가서 기다리라는 이유가 짐작됐다. 인터넷으로 홈페이지에 접속해 촬영 일정을 알아낸 것이다.

"혹시 우리 예전에 만난 적이 있던가요?"

내 입에서 나온 말은 그것이었다. 나는 왠지 하마리 박사의 얼굴이 낯설지 않고 어디선가 만난 듯 익숙했다.

"나유식, 쓸데없는 질문하지 마."

누나가 끼어들었다. 누나는 하마리 박사에게 궁금한 것이 있다고 했다.

"두 가지 질문이 있어요. 먼저, 왓슨을 대학에 보낼 건가요?"

"호호호, 보낼 수 있으면 보내면 좋겠지. 왓슨은 내 자식 같으니까."

하마리 박사의 대답에 누나의 인상이 찌푸려졌다.

"왓슨 말고도 다른 침팬지들도 지능 지수를 높여서 대학을 계속 보낼 건가요?"

"물론이지. 대학에서 받아 준다면 침팬지들에게 인간을 대신할 교육을 하는 것도 좋지 않을까? 침팬지가 나중에 인간이 하기 싫은 어려운 일, 힘든 일을 대신해 줄 수 있잖아."

"그래도 침팬지들이 대학을 가면 사람은 어떻게 해요? 저는 침팬지랑 경쟁하고 싶지는 않은걸요?"

"호호호, 그건 나중에 생각해 보자꾸나. 아직 왓슨을 받아

주겠다는 대학이 있지 않거든. 열심히 공부해서 왔슨보다 훨씬 똑똑해지면 되지."

누나가 투정을 부리듯 말을 했지만, 하마리 박사는 미소를 잃지 않았다. 하마리 박사는 두 번째 질문은 뭐냐고 물었다.

"저, 화장품 어디 거 쓰세요? 피부에서 광채가 나서요."

엄마와 아빠가 창피했는지 얼굴이 어두워졌다. 하마리 박사는 폭소를 터트리며 직접 만든 천연 화장품을 가볍게 바르는 것 말고는 화학 물질은 일절 쓰지 않는다고 했다.

방송국에서 내게 마이크를 대며 과학을 좋아하느냐며 인터

뷰를 했다. 나는 우리 가족이 '사이언스 패밀리'라서 눈을 뜨고 잠이 들 때까지 계속 과학적인 생활을 한다고 자랑했다.

"아빠는 전자 제품 회사에 다니고, 엄마는 과학 선생님이고, 누나는 과학을 잘하고, 저는 과학을 좋아해요. 내가 아는 건 교과서에 안 나오지만요."

하마리 박사는 대단한 가족이라며 엄지를 세웠다.

내 눈앞에 노벨상 후보자가 있다는 생각이 들자 갑자기 숨이 가빠졌다. 궁금한 점이 폭풍처럼 몰아쳤다. 하마리 박사를 향해 엉뚱한 질문을 마구 하게 됐다.

"어떻게 이런 생물을 만드셨나요? 제 머리카락에 쌀이 자라게 할 수 있나요? 그러면 도시락을 안 갖고 다녀도 될 텐데! 유전자를 조작한 식품을 막 먹어도 위험하지 않나요? 사람도 반딧불 가로수처럼 형광으로 빛나게 할 수 있나요? 저를 그렇게 만들어 주시면 밤에 멋있을 거 같은데!"

에 선생님이라면 귀에서 피가 나겠다며 귀를 틀어막고 자리를 피했겠지만, 하마리 박사는 역시 노벨상 후보답게 차근차근 설명해 주었다.

하마리 박사는 우리 가족을 연구실로 안내했고, 나는 거기에서 내가 궁금했던 점을 시원하게 해결할 수 있었다. 하마리 박사는 내게 현미경으로 뭔가를 보여 줬다.

"사람은 60조에서 100조 개의 세포로 이뤄져 있지. 엄청나게 많은 세포로 이뤄졌지만, 처음에는 단 하나의 세포에서 시작했어. 모든 생명은 하나의 세포에서 시작돼."

현미경 안에서 세포 하나가 둘로 나누어졌고, 두 개의 세포는 다시 네 개로 나누어졌다.

"하나의 세포에서 시작해 60조 개가 넘는 세포로 이루어진 생물이 되기까지 세포는 계속 나누어진단다. 이걸 세포 분열이라고 하지."

"세포 분열이 되면 세포핵 속에 있는 염색체나 DNA는 어떻게 되나요?"

"오! 정말 훌륭한 질문이구나. 염색체나 DNA 같은 유전 물질도 똑같이 나누어지지."

"우리 누나는 저보다 뚱뚱한데, 그건 세포가 큰 건가요?"

"뚱뚱하거나 키가 크다고 세포가 큰 건 아니야. 몸이 큰 것은 그만큼 세포 분열이 많이 일어나서 세포의 수가 많은 거야. 아기가 어른보다 작은 것은 세포 수가 적은 거지. 지구에서 가장 큰 동물은 대왕고래인데 세포의 수가 10경 개나 돼."

하마리 박사는 유전 공학이 사람의 생명을 구하는 매우 이

초능력자의 과학수첩

세포가 합쳐지고, 갈라질 수 있다고?

우리 몸은 대략 60조~100조 개가 넘는 세포로 이루어졌어. 하지만 처음 만들어질 때부터 60조 개의 세포가 있었던 것은 아니야. 모든 생명체는 하나의 세포에서 시작되지. 하나에서 60조로 세포 수가 불어날 수 있는 것은 계속해서 세포가 두 개로 나누어지기 때문이야. 세포가 둘로 갈라지는 것을 세포 분열이라고 해. 세포 안에는 세포핵이 있어서, 세포 분열이 일어날 때 세포핵도 둘로 나누어지게 돼. 세포핵 속에는 DNA가 들어 있는데, 세포 분열을 통해 같은 유전 정보를 담은 두 개의 세포가 만들어지게 돼. 두 개로 갈라지면서 원래 있던 세포는 엄마 세포, 분열되어 새로 나타난 세포는 딸세포라고 불러. 엄마 세포와 딸세포는 영양분을 보충하고 힘을 저축해 두었다가 다시 각각 두 개로 갈라지지. 우리 몸을 이루고 있는 세포들은 50번까지 분열할 수 있어. 수십 번의 분열을 마친 엄마 세포는 수명을 다해 죽게 돼. 세포도 사람처럼 태어나서 죽는 일생을 살게 되는 것이지.

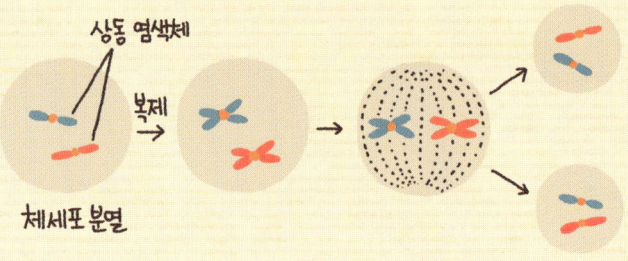

로운 과학이라고 설명하면서 대표적인 예로, 당뇨병 환자를 위해 인슐린을 싼값에 대량으로 만든다고 했다. 또 환자에게 필요한 심장이나 콩팥, 폐 같은 장기를 인간 배아를 복제해 만들 수 있을 거라고 했다.

"유전 공학은 사람을 더 건강하게 더 오래 살 수 있게 할 거야."

"박사님, 정말 궁금한 게 있는데요."

"뭐든 물어봐."

"혹시 죽은 고양이를 살릴 수 있어요?"

"그건 왜?"

나는 하마리 박사의 귀에 대고 속삭였다.

"제 친구 고양이가 죽었는데 갑자기 살아서 돌아왔거든요. 혹시 과학의 힘으로 살아 돌아온 게 아닌가 해서요. 문득 그런 생각이 들어요."

"방금 고양이라고 했니?"

"네. 양쪽 눈동자 색깔이 다른 특이한 고양이에요."

하마리 박사는 눈동자를 굴리며 잠시 말이 없었다.

"음...... 죽은 생명을 살린다는 것은 이론적으로는 가능해. 하지만 내가 알기로는 우리나라에서는 없는 일이야. 윤리적으로 어긋나거든. 아마 친구가 착각했나 보다."

하마리 박사는 가볍게 무시하고 넘어갔다.

누나는 손가락으로 누군가를 가리키며 입을 가리고 킥킥 웃었다. 나는 누나가 가리키는 연구원을 힐끔 쳐다봤다.

그는 하마리 박사를 조수처럼 따라다니는 연구원이었다. 하마리 박사가 뭔가 지시를 내리면 번개같이 실행했다. 잔뜩 긴장한 듯 딱딱하게 굳은 얼굴, 평생 한 번도 웃지 않았을 거 같은 미소 없는 표정, 차가운 인상이었다. 누나는 그 연구원의 이름표를 보라고 했다.

"신풍귀?"

"귀신 이름 같지 않아? 별명이 선풍기였을 거야. 머리 진짜 크다!"

신풍귀 연구원이 누나의 말을 들었는지 우리를 노려봤다.

하마리 박사는 우리 가족과 헤어지면서 곰돌이가 그려진 작은 봉투를 선물로 줬다.

"이것은 내가 새로 만든 유전자 조작 식물이란다. 지금까지

본 적이 없는 아주 특별한 식물이 자랄 거야."

봉투에는 곰돌이 식물의 씨앗이 들어 있었다. 나는 하마리 박사에게 노벨상을 꼭 받으라고 응원을 하고 헤어졌다.

집으로 돌아오는 차에서 우리 가족은 하마리 박사가 아름다운 얼굴과 친절한 태도, 놀라운 지성을 모두 갖춘 완벽한 인간이란 말에 동의했다.

"두뇌는 노벨상급에, 얼굴은 연예인! 세상은 불공평해. 뭐 하나 부족한 게 있어야지!"

누나는 괜히 투덜거렸다.

"단점은 없고, 장점만 있는 인간이 과연 있을까 싶었는데, 오늘 그런 사람을 만났군. 아, 엄마 빼고!"

아빠도 인정했다.

"아, 우리 반에도 단점은 없고 장점만 있는 아이가 있어요."

"누구? 너무식? 넌 장점은 없고, 단점만 있잖아."

누나의 말에 나는 "루나!"라고 말했다.

"설마 걔 좋아하냐? 루나는 너한테 관심 없을 텐데."

난 그제야 알게 됐다. 하마리 박사가 왜 낯설지 않았는지, 어디서 만난 것 같았는지.

'안경을 벗는다면, 하마리 박사는 루나를 닮았어!'

나는 스마트폰으로 하마리 박사의 어린 시절 사진을 찾아봤다.

'이럴 수가!'

놀라웠다. 루나라고 해도 믿을 만큼 닮았다. 설마 루나가 하마리 박사의 딸일까? 검색해 보니 하마리 박사는 결혼한 적이 없고, 주변에 초등학생이 없다고 했는데?

샤샤, 죽은 생명, 산 생명, 백장미의 독, 조심하라…….

노주코 밤이 보내준 예언을 떠올리며 앞으로 어떤 사건이 벌어질 것만 같은 예감이 들었다.

 초능력자의 과학일기

유전자 가위로 어떻게 유전병을 없애는 걸까?

유럽 왕실 중 하나인 합스부르크 왕가는 오랫동안 막강한 권력으로 오스트리아와 독일, 스페인 등 유럽 여러 나라를 지배했다. 그런데 독특하게도 합스부르크 왕가 사람들은 모두 주걱턱을 갖고 있었다. 궁정 화가가 그린 멋진 초상화 속에는 주걱턱을 가진 왕과 왕비가 그려져 있다.

합스부르크 왕가 사람들이 모두 주걱턱을 갖게 된 것은 주걱턱 유전자가 대대손손 전해졌기 때문이다. 순수 혈통을 지키기 위해 가까운 친척끼리 결혼을 하니 주걱턱 유전의 특성이 사라지지 않은 것이다.

주걱턱을 비롯해 피가 멈추지 않는 혈우병, 몸이 마음대로 움직이는 헌팅턴

ⓒ wikipedia

병은 대표적인 유전병이다. 유전을 통해 자식에게 병이 전달된다. 이런 유전병은 병을 일으키는 유전자를 없애지 않는 한 없앨 수 없다.

그런데 유전 공학이 발달하고 사람의 DNA에서 원하는 유전자만 골라서 없앨 수 있는 유전자 가위 기술이 개발되면서 새로운 치료법이 만들어졌다.

유전자 가위는 DNA에서 지정된 부분만 잘라 내는 기술이다. 유전자 가위 기술은 여러 차례에 걸쳐 발달했다. 지금은 단백질 효소를 이용한 크리스퍼 기법이 사용되고 있다.

크리스퍼 유전자 가위는 유전자가 배열된 상태에서 원하는 위치에 단백질 효소를 투입해 연결된 DNA 가닥을 잘라 낸다. 잘린 부위에는 병이 치료된 유전자 부분을 투입해 다시 연결한다. 하지만 조금만 잘못 돼도 원하지 않는 DNA가 잘려 나갈 수 있어서 정확한 계산이 필요하다. 안전성을 보장할 수 없어서 이 기술을 사용하면 안 된다고 주장하는 과학자도 있다.

유전자 가위 기술은 유전병을 치료하는 것뿐 아니라 사람들이 원하는 대로 유전자를 편집할 수 있어서 논란이 된다. 신이 아닌 인간이 다른 사람의 유전 형질을 마음대로 편집한다는 것은 윤리적으로 맞지 않는다고 생각하기 때문이다.

다섯 번째 사건

돌연변이가 도시를 공격하다

"이 화분이 가장 예쁘다."

다음 날, 하마리 박사에게서 받은 곰돌이 씨앗을 심을 화분을 골랐다. 물을 주면서 어떤 식물이 자랄지 기대됐다.

봉투에는 씨앗이 꽤 많이 있었다. 엄마는 학교에 가져가서 친구들에게 나눠주고 함께 키워 보면서 과학 토론을 해 보면 어떠냐고 했다. 나는 요즘 사이가 멀어진 친구들과 가까워질 좋은 기회라고 생각했다.

학교에 갔을 때 아이들이 나를 보는 시선이 달라졌다. 뉴스에 하마리 박사의 유전자 테마파크에서 촬영했던 인터뷰가 나온 것이다. 내 머리카락에 쌀이 자라게 할 수 있냐는 질문을 따라 하면서 아이들은 배를 잡고 웃었다. 나는 하마리 박사에게 직접 받은 씨앗이라며 친구들에게 나눠줬다.

나를 미워하는 김치곤과 나를 경쟁자로 생각하는 공자 등 우리 반 친구들은 씨앗을 받고 좋아했다. 에 선생님도 씨앗 몇 개를 받아 갔다. 그런데 공자는 받자마자 먹어 버렸다.

"그런데 이걸 심으면 뭐가 나와?"

아이들이 내게 물었다.

"나도 몰라. 유전자를 조작한 생명체래. 지금까지 본 적이 없는 특별한 거래."

나는 들은 대로 알려 주었다.

"설마 곰이 나오는 건 아니겠지?"

"식물이 동물이 될 수 있을까?"

"하마리 박사님은 식물과 동물을 하나로 만들기도 하더라."

기대에 찬 우리는 날마다 화분에 물을 주며 어떤 싹이 피어날지 상상했다. 곰돌이 씨앗은 놀라운 속도로 빨리 자랐다. 장어 유전자를 연어에 집어넣고 빠르게 자라도록 만든 것처럼 보통 식물과는 성장 속도가 달랐다.

며칠 사이에 곰돌이 씨앗은 무럭무럭 자라서 진짜 곰이 됐다. 코와 귀와 눈 모양까지 있는 귀여운 곰돌이 모양이었다.

일주일이 지나자 곰돌이의 입에서 아름다운 꽃이 피었다. 곰돌이의 입은 살짝 벌어져 있었는데, 그 안에서 달콤한 향기가 났다. 모기와 파리 같은 해충들이 달콤한 향기에 취해 곰돌이 입으로 들어가면, 이빨처럼 생긴 꽃잎이 덥석 다물어지며 잡아먹었다. 그리고 언제 그랬냐는 듯이 아름다운 꽃으로 돌아와 라일락과 박하, 오렌지 향이 섞인 기분 좋아지는 향을 짙게 피웠다.

  하마리 박사의 유전자 연구소는 곰돌이 씨앗을 거리에서 무료로 나눠주었다. 곰돌이는 집집이 퍼져 나갔다. 정원에서, 공

원에서, 학교에서, 아파트와 거리의 화단에서 곰돌이는 쑥쑥 자랐다. 곰돌이는 가로수로 심어졌다. 곰돌이는 매연과 먼지를 빨아들이는 능력이 있었다. 대기 오염이 사라져 공기는 맑고 깨끗해졌다. 모기, 파리, 바퀴벌레 같은 해충이 없어졌다. 바람이 불면 도시 전체에 기분이 좋아지는 향기가 넘실댔다.

곰돌이가 세상에 가져온 변화는 엄청나게 컸다. 사람들은 여유가 생기고, 미소를 짓는 일이 많아졌다. 모두들 하마리 박

사의 위대한 업적을 칭찬했다.

이 모든 변화가 불과 한 달 사이에 일어났다.

잠자리에 들어야 할 깊은 밤, 거실에서 무슨 소리가 들렸다.

"누나, 나 빼고 혼자 먹지 마."

내 소리에 누나는 화장실에 있다고 했다. 어두컴컴한 거실에는 아무도 없었다. 아빠와 엄마는 이미 잠들어서 코 고는 소리가 낮게 들렸다. '분명히 무슨 소리가 들렸는데…….' 하고 나는 방으로 들어가려고 했다. 곰돌이 화분이 있던 자리가 바뀌었다.

'아까 저녁을 먹을 때까지만 해도 창문 앞에 있었는데 언제 텔레비전 옆으로 갔지?'

곰돌이는 한 달 사이에 무럭무럭 자라서 아기만 해졌다. 너무 무거워 쉽게 옮길 수 없을 정도였다.

"누나, 곰돌이를 누가 옮겼어?"

"그렇게 무거운 곰을 누가 옮겨. 혼자 들 수도 없어."

"곰돌이가 걸어갔나?"

"곰돌이는 곰이 아니라 식물이야. 식물이 움직이면 그건 식물이 아니라 동물이잖아. 착각하지 마. 너무식!"

누나는 잘난 척을 하고서 화장실 문을 닫아 버렸다. 나는 다시 잠자리에 들었다. 그런데…….

두그닥 탁, 두그닥 탁, 두그닥 탁.

또다시 일정하게 걷는 소리가 컴컴한 거실에서 울렸다. 귀를 기울였다.

두드닥 탁, 두그닥 탁…….

'도, 도, 도둑인가 봐!'

방문을 살짝 열고 소파 뒤에 몰래 숨어서 소리가 나는 쪽을 훔쳐봤다. 누군가 내 등을 푹 찔렀다.

"으아아악!"

얼굴이 없다! 길게 늘어뜨린 머리카락! 발가락만 보인다!

누나의 발가락이었다. 머리를 감고 나온 것이다.

"쉿! 도둑이 있나 봐."

"까아악! 도둑이야!"

누나가 까마귀처럼 소리를 질렀다.

아빠가 팬티 바람으로 뛰쳐나왔다. 도둑을 찾으려고 빗자루를 들고 집안을 샅샅이 살폈다. 창문도, 현관도 모두 잠긴 상태였다.

"앞으로 이런 장난은 치지 마라."

아빠는 반쯤 감긴 눈을 간신히 뜬 채 침실로 들어갔다. 누나가 내 볼을 꼬집었다.

'분명히 들었는데…….'

나는 얼얼해진 볼을 문질렀다. 억울했다.

'뭔가 걸어 다니는 소리였어. 보물섬에 나오는 외다리 선장 같은 소리. 아니야, 바람 소리인가? 선반에 있던 게 떨어지는 소리?'

헷갈렸다. 그러나 볼을 두 번 꼬집히고 싶지는 않았다. 다행히 더는 소리가 나지 않아서 불을 껐다. 조금 무서웠다.

유전자 테마파크에서 봤던 가로수가 생각났다. 크리스마스트리처럼 반짝반짝 빛나는 반딧불 가로수가 우리 집 거실에 있다면 무섭지 않을 텐데. 만약 반딧불 유전자를 사람에게 넣는다면?

그러자 신기한 일이 벌어졌다. 캄캄한 방안이 환해졌다. 반짝반짝 불이 들어왔다.

어디서 빛나는 걸까? 빛나는 건 내 머리통. 머리통이 반딧불이라니! 이 초능력을 어디에 쓰지? 이러고 돌아다니면 내 정체는 금방 발각될 것이다. 사람들이 가로등인 줄 알 것이다.

초능력아, 사라져라!

내 마음대로 사라지지 않는다. 너무 밝아서 잠을 잘 수가 없다. 참 쓸모없는 초능력이다.

"무식아, 빨리 불 끄고 자!"

누나가 방문 틈으로 새어 나오는 불빛을 본 모양이다. 이불을 뒤집어썼지만, 이불 속이 훤했다. 눈동자가 아파 왔다. '아재님, 이 초능력을 어떻게 없애요?'

다음 날 아침, 잠을 제대로 못 자서 토끼 눈처럼 충혈됐다. 하품하며 반쯤 감긴 눈으로 금붕어의 먹이를 줬다. 그런데 금붕어 한 마리가 보이지 않았다.

"우리 집 금붕어는 고대 인류의 섬에 사는 물고기가 아니야. 다리가 달리지 않았어. 잘 찾아봐."

엄마는 바빠서 먼저 출근했다.

내가 가장 좋아하는 얼룩무늬가 있는 금붕어는 한 마리밖에 없다. 돌 틈 사이를 구석구석 찾았지만, 보이지 않았다. 남아 있는 금붕어들은 꼬리와 몸에 상처를 입었다.

'서로 싸웠나? 금붕어 도둑이 들었나? 고양이 짓일까?'

어떻게 된 일인지 모르겠다. 지각할까 봐 일단 학교로 달려갔다.

"우리 집에 어제 도둑이 들었어."

"엇! 우리 집도 도둑이 들었는데?"

내가 얘기를 꺼내기 전에 김치곤과 강미진이 먼저 도둑 얘기를 꺼냈다.

"내가 키우는 햄토리가 없어졌어. 햄스터 말이야."

"난 잉꼬가 없어졌어. 새장이 텅 비었더라고."

집집이 돌아다니며 동물을 훔쳐 가는 도둑이 생긴 걸까? 묵

묵히 듣고 있던 공자가 입을 열었다.

"우리 집은 내가 먹다가 둔 짜장면과 탕수육이 없어졌어."

"그건 네가 먹은 걸 잊어버린 거 아니야?"

김치곤의 말에 공자는 머리를 긁었다.

"아, 그런가 보다. 어쩐지 자고 일어났더니 입가에 짜장이 묻어 있었어."

사랑하는 동물만 골라서 훔쳐 가는 도둑이라니! 잔인하기 짝이 없다!

우리 동네를 지키려면 빨간 내복의 초능력자가 출동해야 한다! 그런데 지금 내가 할 수 있는 초능력이라곤 머리를 반짝이는 것밖에 없다! 이 꼴로 돌아다니다간 사람들이 신호등인 줄 알고, 녹색어머니회 엄마들이 깃발을 흔들며 교통정리를 할 것이다.

초능력이 부족할 때에는 명탐정처럼 추리해야 한다. 동화책에서 봤다. 모든 도둑은 증거를 남긴다. 증거가 없다면 수법을 남긴다. 우리 동네의

도둑이 같은 도둑이라면 공통된 수법이 있을 것이다. 그것이 무엇일까?

김치곤과 강미진과 우리 집의 공통점은?

첫째, 도둑이 외부에서 들어온 흔적이 없다.

둘째, 모두 곰돌이를 키운다.

"아, 맞다! 곰돌이는 에 선생님도 받으셨잖아. 선생님 댁에도 무슨 일이 있지 않을까?"

희주의 말이 끝나기 무섭게 에 선생님이 교실로 들어왔다. 우리는 어젯밤에 집에 도둑이 들지 않았냐고 물었다.

"도둑이라니? 그렇다면 얼른 112에 신고를 해야지."

"부모님들이 믿지 않으세요. 다른 귀중품은 다 놔두고 동물만 가져가는 도둑은 없다면서요. 동물이 탈출했을 거래요."

나는 명탐정 같은 날카로운 눈과 치밀한 표정을 지으며 에 선생님에게 다가갔다. 에 선생님이 흠칫, 놀랐다.

"선생님 댁에 곰돌이는 잘 자라나요? 혹시 평소와 다른 일은 없었나요? 예를 들면 곰돌이가 움직였다든가, 냉장고를 열고 고기를 꺼내 먹었다든가 하는 일 말이에요."

"곰돌이는 식물이야. 식물은 움직이지 못한다고 교과서에 나오잖니. 식물이 고기를 먹는다는 건 식물이 전화로 치킨을 배달시켜 먹는 것만큼이나 말이 안 되는 얘기란다."

선생님은 왜 수염도 없는 애가 수염을 만지는 척하며 주변을 빙글빙글 도냐며 어지럽다고 자리로 돌아가라고 했다. 추리 작전은 실패로 돌아갔다.

에 선생님은 수업을 시작한다면서 칠판을 향해 돌아섰다. 고개를 갸웃거리고는 혼자 중얼거렸다.

"그러고 보니 우리 집 거실 바닥에 흙이 떨어져 있긴 했군. 뭔가 지나간 자국도 있고……. 얘들아, 어서 교과서를 펴라!"

희주와 함께 집으로 돌아오면서 동물 도둑 사건에 관해 다시 얘기를 나누었다.

"샤샤를 도둑맞지 않아서 천만다행이야."

희주는 그사이에 집에 도둑이 들었을까 봐 발길을 재촉했다.

"만약에, 아주 만약에 말이야. 곰돌이가 육식 식물이라면 어떨까?"

사실, 나는 곰돌이가 바퀴벌레를 잡아먹는 걸 본 적이 있다.

"식물이 새나 금붕어, 햄스터 같은 큰 동물을 잡아먹는다는 건 상상할 수 없는 일이야."

희주는 고개를 흔들었다.

"그래, 말이 안 되지. 곰돌이는 다리도 없고, 팔도 없는데 어떻게 동물을 잡아먹겠어?"

나는 곰돌이를 만든 하마리 박사를 믿었다. 아름답고 우아하고 완벽한 하마리 박사가 만든 식물이 그럴 리가 없었다. 더구나 곰돌이는 정말 귀엽다!

그날 저녁, 희주에게 연락이 왔다.

"우리 반 오혜리가 키우던 강아지가 사라졌어. 혹시 네가 초능력으로 찾아줄 수 있지 않을까 싶어서."

희주는 내가 예전처럼 강력한 초능력이 있다고 믿는 모양이었다. 나는 희주를 실망시키지 않으려고 초능력을 다 써 보겠다고 했다. 그러나 내가 가진 초능력이라곤 머리를 반딧불처럼 반짝이는 것과 온몸의 염색체를 염색해서 몸 색깔을 바꾸는 것밖에 없었다.

그날 밤, 빨간 내복으로 옷을 갈아입은 후 주방에서 김 한 뭉치를 찾아 들고 오혜리의 집으로 향했다. 오혜리의 집 근처에 숨어서 김을 먹었다.

짜르르-.

온몸에 파스를 바른 듯 냉기가 훑고 지나가더니 염색체 초능력이 일어났다. 내 몸은 완전히 검은색으로 변했다. 깜깜한

밤, 어둠에 몸을 숨기면 투명 인간처럼 보이지 않을 것이다. 머리만 반짝이지 않으면 된다. 제멋대로 초능력이 나와서 조절이 안 되는 게 문제다.

드디어 거실과 방의 불이 꺼졌다. 혜리의 가족이 모두 잠든 어두운 집. 혜리의 거실을 들여다봤다.

누군가 돌아다닌다! 두그닥 탁! 두그다악 탁탁! 발걸음 소리가 마치 외다리 선장 같다.

검은 그림자! 사람 같은 형체다!

그 정체는 바로 곰돌이다!

곰돌이가 화분 밑으로 거미의 다리처럼 생긴 뿌리를 뻗어 걸어 다녔다. 두 팔을 뻗어 열대어를 잡아먹으려고 어항 속에 집어넣었다. 물이 뚝뚝 바닥으로 흘렀다. 이것으로 확실해졌다! 곰돌이가 혜리의 강아지를 잡아먹은 게 분명했다.

증거 사진을 찍으려고 스마트폰을 꺼냈다. 창문을 열려고 할 때 그만 실수로 창문 앞에 있는 화분을 건드렸다. 곰돌이가 내 쪽으로 고개를 휙 돌렸다. 무서워서 몸이 얼음이 됐다.

"무슨 소리야?"

방에서 누가 나오는 소리가 났다. 그러자 곰돌이는 움직이지 않았다.

나는 얼른 김을 먹고 재빨리 까맣게 변해서 밖으로 나와 공원 쪽으로 걸어갔다.

"까아아악!"

날카로운 비명이 공원에 울려 퍼졌다. 재빨리 달려갔다.

여학생이 곰돌이 가로수 밑에 주저앉은 채 덜덜 떨고 있었다. 곰돌이 가로수가 비둘기를 먹었다고 했다. 사람들이 몰려오자 곰돌이는 언제 그랬냐는 듯이 원래의 착한 모습으로 돌아갔다. 바닥에 비둘기 깃털만 남았다.

집으로 돌아간 나는 곰돌이를 빨랫줄로 꽁꽁 묶어 두었다.

"아재님, 앞으로 어떻게 해야 할까요? 곰돌이가 정말 위험한 식물이라면 빨리 경찰에 신고해야 하지 않을까요?"

아인슈타인 박사는 경찰이 믿어 주지 않을 거라고 했다.

"경찰에 신고하려면 확실한 증거가 필요해. 그러자면 정밀한 조사를 해야 하는데, 유전자 조작 생물이라 유전자와 DNA 검사를 할 수 있는 장비가 있어야 해. 요즘은 병원에서 유전자 검사를 많이 해 주지."

나는 믿을 만한 의사가 떠올랐다.

올해 초, 뇌 검사를 하려고 엄마와 함께 정신과 병원을 찾았었다. 닥터 천송이의 마음아나파 정신의학과였다. 천송이 의사는 매우 특이한 뇌파를 가진 내 두뇌의 비밀을 지켜준 분이었다. 내가 초능력자라는 걸 조금 눈치를 채다가 만 것 같았다.

다음 날, 학교를 마치고 아인슈타인 박사가 시킨 대로 곰돌이의 일부를 채취해 병원으로 향했다. '닥터 천송이의 마음아나파 정신건강의학과'라는 간판이 있었다. 예전이나 지금이나 여전히 손님이 없었다.

"아, 너는 뇌파 검사기를 고장 낸 그 아이 아니니?"

천송이 의사는 나를 알아봤다. 얼굴은 더 동그래졌고, 동그란 눈에, 자전거 바퀴처럼 동그란 안경을 썼다. 노란 스마일 배지처럼 따뜻한 얼굴의 의사였다.

천송이 의사는 내 귀에 대고 비밀스럽게 속삭였다.

"아직도 아인슈타인이 네 뇌 속에 살고 있니?"

"아, 네. 지금도 잘 계세요. 나이가 많아서 잠을 많이 주무시긴 하지만요."

천송이 의사는 흐음, 하고 알았다는 듯이 고개를 끄덕였다.

"뇌파를 검사하러 왔니? 지난번에 네가 고장 낸 것을 버리고 최첨단 제품으로 새로 들여놨어."

"아니요. 오늘은 진찰을 받으러 온 게 아니고, 부탁을 드릴 게 있어서요. 혹시……."

나는 세포의 유전자를 볼 수 있는 특수 현미경이나 DNA 검사 장비 같은 것이 있냐고 물었다. 천송이 의사는 학교 과제나 직업 체험 같은 것을 하는 모양이라고 추측하고는, 정신과 병원에는 없지만 아래층에 있는 산부인과에 있다고 알려 줬다.

"산부인과 원장은 내 선배라서 부탁할 수 있지."

우리는 산부인과 병원으로 내려가 검사실을 잠시 빌리기로 했다. 천송이 의사는 내가 준 곰돌이의 일부에서 시료를 채취했다. 시료에서 DNA를 추출한 후, 증폭기에 넣어서 DNA를 증폭시켰다.

"DNA를 증폭하는 것을 PCR 과정이라고 하는데, DNA를

초능력자의 과학수첩

DNA는 어떻게 검사할까?

① DNA 추출

세포에서 DNA를 뽑는다.

② 제한효소 처리

효소를 사용해 DNA 부분만 자른다.

③ 전기영동
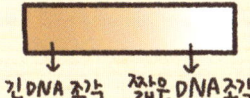

전기를 이용해 DNA을 조각으로 분리한다. 이것을 전기영동이라고 한다.

④ 종이로 옮기기

DNA를 니트로셀룰로오스 종이에 옮긴다.

⑤ 방사성 탐침 처리

방사성 탐침을 한다.

⑥ DNA 지문
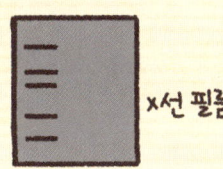

X선 필름에 DNA를 현상한다.

복제해서 단시간에 많은 양으로 만드는 거야. 그래야 DNA 검사를 쉽게 할 수 있거든."

DNA 프로파일링을 하는 동안 나는 병원에서 왜 유전자 검사를 많이 하느냐고 물었다.

"유전자 검사를 통해 알 수 있는 게 많거든. 아직 병에 걸리지 않았지만 앞으로 걸릴 가능성이 큰 병을 미리 알아낼 수 있어. 예를 들면 위암, 폐암, 간암, 대장암, 유방암 등부터 알츠하이머를 비롯해 뇌졸중, 당뇨병, 고혈압 또 우울증과 공황장애에 이르기까지 정말 많은 병을 예방할 수 있어."

결과가 나오기까지 몇 시간이 걸린다고 해서 나는 집으로 돌아가 기다리기로 했다.

그날 밤, 천송이 의사에게 전화가 왔다.

"나유식, 너 대체 무슨 생명체를 갖고 온 거야?"

천송이 의사의 목소리가 흥분해서 높이 올라갔다.

"왜 그러세요?"

"이건 지구에는 없는 괴생명체야! 파리지옥 유전자에 흑곰 유전자, 쥐, 거미, 해파리 유전자, 늑대와 고슴도치 유전자 등 10가지가 넘는 동물과 식물의 유전자들이 조작되고 편집돼 있어!"

충격적인 결과에 잠시 말을 잃었다. 나는 우연히 발견한 생명체라고 대충 얼버무리고 아무에게도 말하지 말아 달라고 부탁했다.

"넌 너무 비밀이 많아. 아무래도 뇌파 검사를 한 번 더 해야겠어. 너의 유전자도!"

천송이 의사에게 다시 찾아가겠다고 하고 전화를 끊었다.

아인슈타인 박사와 나는 깊은 고민에 빠졌다.

"박사님이 말씀하신 대로 증거를 확보했어요. 이제 어떻게 해야 하지요? 경찰에 가야 하나요?"

"곰돌이는 뭔가 잘못된 돌연변이 생명체야. 지금은 작은 동물을 해치지만, 곰돌이가 더 크면 사람을 해칠 수도 있어."

"하마리 박사님이 사람을 해칠 괴물 돌연변이를 만들었다고요? 저는 믿을 수 없어요. 하마리 박사님은 우리나라 아니 인류의 생명을 구할 위대한 과학자예요."

아인슈타인 박사와 나는 고민 끝에 경찰 신고는 나중으로 미루고, 우선 하마리 박사의 말을 먼저 들어보자고 결론을 내렸다. 경찰에 먼저 신고를 했다가 우리나라 최초로 노벨 과학상을 받을 하마리 박사에게 피해를 주면 안 된다는 잘못된 여론이 생길지 모르기 때문이다.

하마리 박사의 연구소로 전화를 걸었다. 그러나 자동응답기가 돌아갈 뿐 하마리 박사와 통화가 되지 않았다. 나는 하마리 박사의 자동응답기에 곰돌이의 유전자에서 늑대와 흑곰 등 맹수의 유전자가 발견되었다는 음성 메시지를 남겼다.

10분이 채 지나지 않아 하마리 박사에게 직접 연락이 왔다.

"나유식 군, 지난 번 연구소를 방문했던 사이언스 패밀리 맞지?"

하마리 박사는 나를 기억하고 있었다.

"유식이가 말한 곰돌이의 유전자는 다 사실이야. 이건 매우 위험한 상황이야. 내가 밝히지 않은 것은 사람들이 알면 충격을 받아서 나라 전체에 혼란이 일어날 것 같아서야."

하마리 박사는 어떤 방법으로 해결할지 의논하자며 아무에게도 말하지 말고 내일 혼자 연구소로 오라고 했다.

다음 날은 휴일이었다. 아침 일찍 하마리 박사의 연구소에서 보낸 승용차가 집에 도착했다. 나는 체험 학습에 초청 받았다고 가족에게 말하고 연구소로 향했다.

"곰돌이는 돌연변이를 일으킨 거야."

하마리 박사는 유전자 필름을 보여 주면서 설명했다.

"해충을 없애기 위해 파리지옥에 쥐의 유전자와 거미의 유전자, 고슴도치 유전자와 신경 마취를 시키는 해파리 유전자를 이식했지. 그런데 유전자 조작이 잘못되어 돌연변이를 일으켰어. 곰돌이의 뿌리가 거미의 다리처럼 변하고, 쥐처럼 날카로운 이빨로 뭐든 먹어치우고, 가시로 신경 마취 독을 쏘는 돌연변이가 된 거야."

"하마리 박사님이 실수로 돌연변이를 만드신 건가요?"

"내가 한 게 아니야. 이건 신풍귀의 짓이야."

신풍귀는 하마리 박사 연구소에서 근무하는 수석 연구원이라고 했다.

"신풍귀가 나 몰래 위험한 실험을 했어."

신풍귀 연구원이라면 나도 알 것 같았다. 이름이 특이해서

잊어버릴 수가 없었다. 누나가 별명이 선풍기일 거라고 놀리던, 눈빛이 수상하고 차가운 얼굴의 박사였다.

"우리 연구소에서 잘못한 일이니까 내가 직접 책임지고 해결해야 해. 그래서 곰돌이를 없앨 방법을 거의 완성해 놨어."

하마리 박사는 내 손을 꼭 잡았다.

"그런데 나유식 군, 나하고 한 가지만 약속할 수 있어? 강요하는 건 아니야."

"괜찮아요. 제가 도울 수 있는 일이면 말씀하세요."

"아무에게도 이 사실을 말하지 말아 줘. 연구원들이 지금 중요한 연구를 하는 중인데 사기가 떨어지면 곤란하거든."

하마리 박사는 간곡하게 부탁했다.

"경찰에도 안 되나요? 유전자 조작 야자수가 사람을 공격하면 경찰을 불러야 할 텐데요."

"아직은 곤란해. 경찰에 신고하면 신풍귀 박사가 눈치채고 도망칠 수가 있어. 내가 증거를 확보하고 신풍귀 박사를 잡은 후에 경찰에 알릴게. 내 손으로 직접! 그래야 문제가 빨리 해결돼."

하마리 박사는 주먹을 불끈 쥐며 맹세했다. 나도 그런 하마리 박사를 믿고 약속했다.

집으로 돌아온 나는 조금 마음이 놓였다. 초능력이 있다면 하마리 박사를 도울 수 있을 거라는 생각이 들었다.

"아재님, 강력한 초능력을 갖게 해 주세요!"

"공부를 해. 원리를 알아야 뇌에서 에너지가 나와."

"그냥 깻잎을 먹을래요. 그게 더 빠를 것 같아요. 지금은 긴급한 상황이잖아요."

냉장고를 뒤져 아인슈타인 박사가 잠들지 않도록 깻잎을 마구 먹었다.

"유식아, 깻잎도 치사량이 있을 거 같아. 세계 최초로 깻잎을 많이 먹어서 죽는 사람이 생길 것 같아."

나는 어떤 초능력이 생겨야 곰돌이를 없앨 수 있는지 알지 못했다.

"제가 지금 할 수 있는 건 깻잎 먹는 것밖에 없어요."

아인슈타인 박사는 초능력을 일으킬 과학 원리를 알려 주겠다고 했다. 그것은 돌연변이에 대한 과학이었다. 돌연변이는 왜 생기는 걸까?

일요일 아침, 하마리 박사에게 연락이 왔다. 하마리 박사는 가쁜 숨을 몰아쉬었다.

"유식군, 곰돌이에 대한 얘기는 아무에게도 안 했지?"

"네. 물론입니다."

"며칠 밤을 새워 드디어 곰돌이 문제를 해결할 장비를 만들었단다. 이 장비라면 곰돌이를 착한 식물로 돌려놓을 수 있을 거야."

그 장비를 보기 위해 나는 연구소로 향했다.

초능력자의 과학일기

유전자 조작 식품을 먹으면 위험할까?

 엄마는 내가 과자를 먹을 때 너무 많이 먹지 말라고 과자를 빼앗아 간다. 과자에 많이 있는 설탕이나 첨가물이 몸에 나쁜 영향을 주기 때문이라고 했다. 또 과자의 재료 중에 유전자 변형 식품이 들어 있을지도 모른다고 했다.

 유전자 변형(GMO)이란 원래 식물이 갖고 있던 고유의 유전자에 다른 생물의 유전자를 결합해 만들어진 식물을 말한다. 열매를 많이 맺거나 해충에 잘 견디도록 유전자 일부를 다른 생물의 것으로 바꾸어 만든다. 유전자가 조작된 식물을 원료로 만든 식품을 유전자 조작 식품이라 부른다.

 미국을 비롯해 캐나다, 브라질, 아르헨티나 등 농사를 많이 짓는 나라에서는 유전자 조작 식물을 재배하고 있다. 콩이나 옥수수, 유채, 감자, 면화, 토마토 등 종류도 다양하다. 우리나라에서는 아직 유전자 조작 식물을 키우는 것이 불법이지만, 외국에서 생산된 유전자 조작 농산물을 수입해서 우리도 많이 먹고 있다. 우리가 먹는 과자는 옥수수나 밀가루를 기름에 튀긴 것이 많다. 옥수수나 밀가루는 유전자 변형으로 많이 재배된다. 콩은 세계에서 생산도는 전체 콩의 약 80% 이상이 유전자 변형이고, 옥수수는 약 30% 정도 된다. 유전자 조작 식품이 안전한지는 아직 논란이 많다. 미국을 비롯해 중국이나 호주 등 유전자 조작 식품을 전면적으로 허용한 나라에서는 큰 문제가 없다고 보고 있다. 오히려 농산물 생산량이 늘고 더 좋은 상품을 얻을 수 있다고 한다.

하지만 반대쪽 의견도 만만치 않다. 지금 당장 유전자 조작 식품을 먹은 사람의 몸에 이상이 없더라도 2대, 3대 아래 후손에서 어떤 방식으로 문제가 나타날지 모르기 때문이다. 무엇보다 유전자 조작 식물로 인해 자연 생태계가 교란되는 것이 큰 문제로 꼽히고 있다.

글 서지원

한양대학교를 졸업하고 《문학과 비평》에 소설로 등단해, 지식과 교양을 유쾌한 입담과 기발한 상상력으로 전하는 이야기꾼입니다. 지식 탐구 능력과 창의적인 문제 해결 능력을 스토리텔링으로 풀어낸 책 250여종 중에서 중국, 대만 등에 수십 종의 책이 수출되었고, 서울시 올해의 책, 원주시 올해의 책, 문화체육관광부와 한국도서관협회가 뽑은 우수문학도서 등에 선정되었습니다. 2009 개정 초등 국정 교과서와 고등 모델 교과서를 집필했고, 초등학교 4학년 2학기 국어 교과서에 동화가 수록되었습니다.
쓴 책으로는 《빨간 내복의 초능력자 (시즌 1) 1~5》《마지막 수학전사 1~5》
《몹시도 수상쩍은 과학교실 1, 2, 3》 등이 있습니다.

그림 이진아

'십만원영화제'의 포스터 디자인을 시작으로 여성영화제, 인디다큐페스티발, 인디애니페스트 등 다양한 문화제와 영화제의 포스터를 그렸습니다. 그 밖에도 프리랜서 일러스트레이터로 다양한 작업을 하고 있습니다.
그린 책으로는 《생각이 크는 인문학》 시리즈, 《그릉 그릉 그릉》, 《나쁜 고양이는 없다》, 《빨간내복의 초능력자》, 《산이 부른다 1, 2》 등이 있습니다. 작가의 인스타를 방문하시면 더 다양하고 재미있는 일상툰을 만나보실 수 있습니다.
www.instagram.com/altodito

감수 와이즈만 영재교육연구소

창의 영재수학과 창의 영재과학 교재 및 프로그램을 개발했습니다. 구성주의 이론에 입각한 교수학습 이론과 창의성 이론 및 선진 교육 이론 연구 등에도 전념하고 있습니다. 국내 최고의 사설 영재교육 기관인 와이즈만 영재교육에 교육 콘텐츠를 제공하고 교사 교육을 담당하고 있습니다.